起業するなら「ドーナツ」を食べろ！

大好きな人から喜ばれる
起業の心得＆実践集

松尾公輝＝著
Matsuo Koki

今日の話題社

はじめに　「世間の風の温め方」

本書は、失敗したくない起業家のための「解釈と行動のヒント集」です。
目次を見て気になった項目から先に読んでも、あなたにとって役に立つ心得と出会えるように書きました。

起業家が遭遇する落とし穴や壁は多種多様ですよね。
詐欺など、相当に危険なものもあります。

本書では、知識・経験・集客・お金などについてさまざまなケースを取り上げ、その解決策を提示していますが、なかでも僕がいつも残念に感じている「悲しい地雷」があります。しかも、ほとんどの起業家が踏んでしまう地雷。
それは「身内や仲間、そして、意外に近い人たちからの反対や批判」です。

- そのやり方だとうまく行かないよ！
- 絶対に失敗するから止めた方がいいよ！
- 赤ちゃんができたんだから、あなたは変な冒険しないで！
- ダメだったらどうするの？　私たちを路頭に迷わせる気？
- 君が我儘でする借金は、たぶん僕が返すことになるんだぜ！

なかなかキツイものがありますよね。

家族や身内だけではありません。
友人など、距離的、心理的に近い人たちからも、スルーされたり、いわれなき陰口を叩かれるという経験を、あなたもお持ちなのではないでしょうか？

これを称して「世間の風は冷たい」とか「出る杭は打たれる」という格言も生まれたのだろうと想います。

そして「批判を受けて意気消沈し、活動が鈍る起業家」が量産される。

せっかく抜いた刀を、また鞘に納めるのは、本当にもったいないのです。

地域が、日本が、世界が、あなたを待っているというのに、行動を止めてしまう。

これは社会的損失です。


ただ、起業家の中には、親しい人たちからの反対や批判を、華麗にすり抜けて行ける人たちがいます。

そうした人たちの特徴は「昨日まで知らなかった人たちからの応援」を獲得しているということ。そして、まるでオセロで大逆転するかのように、最終的に「昨日まで反対していた、もともと身近な友人たちの再評価」も獲得して仲直りしているということです。


この、自分が何か新しいことを始めようとした時に、

「近い人ほど反対し、足を引っ張る現象」の分析と、さらにそこから転じて、

「先に、遠くの人たちをファンにして、後に、身近な人たちからの再評価を得る」知恵の獲得と実践、僕は、これらをまとめて「ドーナツ理論」と名付けました。

自分を中心にした身近なところは、ビジネス初期においては「空っぽの空間」であり、その外側の領域に「果実」があることから、ドーナツの形に謎かけて命名したのです。

ところで、なぜ、身内や仲間、近い人たちは、反対し、批判するのでしょう?
その理由は「愛とジェラシー」があるからです。
これは人間が人間である限り、避けようのない感情だと思います。
みんな、あなたのことを「心配」しているということです。
大切なあなたに失敗してほしくないし、傷ついてほしくない。
それが「愛」です。

と同時に、「嫉妬」もあるわけです。
「あなただけに成功されるのはイヤだ」し、

「私の知らないあなたになんて、なってほしくない」のです。
もちろん、本当に素直に応援してくれる家族や仲間もいるに決まっています。
当然、一緒になって笑い、泣いてくれる親しい人たちもいるに決まっています。
でも、行動し前進するあなたには、次々に、周囲からのいろんな感情がぶつけられる。
心ない言葉のシャワーや、無言の圧力を感じる時もあるでしょう。
やっかみや陰口が発覚して落ち込むこともあるでしょう。
そのうちに、あなたの行動は鈍ってくるのです。
さらに、あなたをネガティブにする地雷は「ドーナツ」だけではありません。

- お金が無い
- 知識が無い
- 罪悪感がある
- プライドが邪魔

- テクニック不足
- コミュニティーが無い
- 集客できない

とさまざまです。

本書でも、起業家・事業家に襲いかかる多様な課題に解決をもたらすべく、あらゆるエピソードや解釈や考え方や具体的な事例を、これでもかとばかりに投入しています。必要充分な情報が網羅されています。ヒントになるし、お役に立てると自負します。

しかしながら、あらゆる課題の根本は「たったひとりの大切な人からの応援を実感したい」という感情にあるのではないかと思うのです。

知らないこと、難しいことがあったとしても、それは根本的問題ではありません。

そんなものは、素直に学び、実践することで身につくし、解決していけるものだと確信しています。

あなたの本当の希望とは「大好きな人から喜ばれること」ではないでしょうか？

そこが損なわれるとしたら、仮に、ビジネスにおける課題を次々に解決していけるとしても「虚しい」のだと想います。

主婦からのプチ起業、サラリーマンからの独立起業、退職後のシニア起業など、日々多くの起業家がチャレンジしています。

ところが、開業数と同じだけの事業が離陸1年を待たずして停滞、あるいは廃業しています。市場の読みが甘かったとか、立地環境が悪かったとか、値段設定が間違ったとか、さまざまな「解説」が成されますが、それはある意味、詮無きことです。

それよりも、起業家の情熱と行動を奪う「ドーナツ」が存在することを認識して、対策を講じることがまず大切なのです。

本書では、起業にまつわる事象の構造を知り、対処し、危機を回避して成功に向かうことができるノウハウを詰め込みました。

あなたが行動し続けることができるよう、いろいろな切り口、古今東西のエピソードをもって「心得」「心構え」「解釈」「智恵」「アクションプラン」をお伝えします。

目次

第二部　心構えと具体的かつ実践的な解決のステージ

第5章　こんなとき、こう考える！　実践ヒント集

第一部　解説のステージ

第1章・第2章は徹底して「解説」を行います。

あなたの身辺で起きているさまざまな現象が、どのような「マズさ」を引き起こしているか?

どんなケースが「望ましい未来」を阻んでいるか?

まずもって、そこを押さえていただければ幸いです。

そして第3章において、ソロフライトにおいて必須の「動機と情熱」について触れてゆきます。

第1章　なぜ、友人・知人・身内はお客様にならないのか？

「ドーナツ」を探す旅に出かけよう

「あなたが何か行動を起こすと、他人は『賛同者』『批判者』『傍観者』に分かれる」

これは、起業に限らず、新しいステージに向けての行動を自ら起こしたことのある人なら、必ずと言ってよいほど、経験したことがあるのではないでしょうか。

そして、

失敗すれば「やっぱりね」って言われる。

成功しても「やっぱりね」って言われる。

何かを始めると、あなたの知っている人たちは、賛同者と、批判者と、傍観者に、分かれますが、これは、あなたが新しいことを進めた「証《あかし》」です。

あなたの構想や夢に共感し、力を貸してくれる友人も多いでしょう。

ホント世の中って捨てたもんじゃありません。

とても嬉しいですよね。

でも逆に、まさかと思う人が批判者になったり、まさかと思う人から陰口を受けたり。

出る杭は打たれるし、世間の風は思いのほか冷たいものです。

その本質は「嫉妬」です。

さらに逆に、意外な人から賞賛されたり、意外な人から援助されたり。人生とは面白いですよねぇ。

行動する人にだけ与えられる、人生の醍醐味でしょう。

その本質は「愛」です。

ステージが変わると、人間関係も再構築されますが、
ステージが変わるほどの活動を続けられる人は少ないです。

なぜなら、そのプロセスで傷つくし、凹むからね。傷ついたり、凹んだりするくらいなら、その活動を止めた方が楽ですから。悩み苦しむくらいなら、元に戻った方が楽です。

でも、本当にそれでいいのかどうか、何度でも自問自答した方がいいです。やりたいことがある。叶えたいビジョンがある。だったら、やった方がいいです。たったひとりでも親友と呼べる人は、必ず傍にいてくれるものですしね。

成功はある種、常識の「外」にあります。成功が、常識の「内」にあって、「みんな」が言うことに分があるなら、もっと多くの人たちが成功者になるはずですから。だから、頑張る方がいいです。もっと正確に言えば、「頑張る時期」「本気の季節」を持った方がいい。つまり「期限」を決めたらいいと思います。

僕も常に複数のプロジェクトを実行しています。周りの反応はさまざま。

でも、自らがイメージしたゴールと、その先にある素晴らしい風景を思えば、手綱を緩めることはできません。

「いつの日もこの胸に、流れてるメロディー」（ミスチル）
「どんなに遠くても、たどり着いてみせる」（浜省）

燦然たる「人生の表彰台」に登る時、どんなガッツポーズを決めようか。
僕は最高の笑顔で表彰台に登ります。

本書は、「頑張るあなたへの応援歌」です。
成功しても、失敗しても、「やっぱりね」って言われるのですから、あなたには行動し続けてほしいのです。

さて、素晴らしき「10万円ボタン」という話を知りました。

1回押すとすぐに、あなたに5千円入ります！

いいですよね。しかも、1日に、何度押してもいいんですよ！

と同時に、あなたの友人知人にも1回につき一人に10万円が入ります。


あなたは押しますか？

自分には5千円、友人には10万円です。

僕は押しまくります‼
1日中押し続けるかも（笑）
リスクゼロ、デメリットゼロで、みんなに喜んでもらえますからね！

でも、ネットでの議論では、相当数の人たちが「押したくない」と回答しています。

自分よりも得をする人がいることが、腑に落ちないのですね。少々悲しい気分になります。

ボタンを押すだけで、誰かをめっちゃ喜ばせることができるのにね。

見返りを期待してボタンを押すわけではないのです。

ただ、あなたがボタンを押すことで、得する人が大量に発生すれば、「タライの法則」に倣って、あなた自身も大きく人生が開けると確信しているだけです。


例えばそのボタンの効果が「紹介」だと考えてみましょう。


1回押すと、友人に有益な人を自動で紹介できるとします。

100回ボタンを押せば、100人の友人に、それぞれに喜んでもらえる人を紹介できる！

1000回押せば1000人（紹介者も入れると2000人）の人たちに喜んでもらえるとしたら？


あなたは、多くの人たちから放っておかれませんよね。

きっとあなたは、親しい人に囲まれた豊かな人生を歩むことができるでしょう。

必然的に億万長者にもなれてしまうのではないでしょうか?

「情けは人の為ならず」

巡り巡って自分の為でもあるとしたら、10万円ボタンって、夢のような装置です。そう思いませんか?

ボタンを押しまくる人たちで、チームと生態系を創ることができたら、みんなで、豊かになっていける!

でも、世間というのは、そのように動いてくれません。

あなたが素晴らしいビジネスを展開しようとしても、自転車と同じで、はじめはペダルが重いものです。

その重さの正体は、知識と経験の不足です。財務然り、集客然り。起業家が超えてゆくべきハードルはたくさんありますよね。でも、国も地域も手厚い支援をしていますし、勉強すれば分かること、経験すれば身に付くこと、習熟すれば価値を上げることもできます。要はモチベーションを保ち、持続行動ができれば、拓けない道はありません。
ところが、このモチベーションを見事に潰してしまうものがあるのです。
それが、本書で提唱する「ドーナツ理論」が語るものです。

世間の風は冷たいし、出る杭は打たれる。
身近な人たちからの反対はキツイですよね。

でも、そんな「風や杭」に心を折られ、抜いた刀を、すぐに鞘に収めてしまう人たちがいます。もったいないです。地域経済にとってもよくないことです。起業すれば誰もが経験するハードルなのに、その仕組みを解き明かし、解決方法を提示している書籍は少ない。本書は「仕事と人間関係の力学」を解き明かしながら、「何か新しい行動を起こす人たちのフライト」を心理学とマーケティングの側面からサポートしていきます。

人間とは本来、優しい生き物です。

あなたの周囲の人たちも、あなたも、あたたかい。
でも、その「愛おしさ」が、ときに仇となる。

切ないですね。
大切な人たちを、大切にしながら、ビジネスを展開したいです。

準備はよろしいでしょうか？

それでは、何かを始めようとしている人のフライトを邪魔する「ドーナツ」を、あなたと一緒に無力化する旅に出かけましょう。

年賀状500通が20通になった起業家

僕の友人がブライダル関係の仕事で起業した時の話です。

今では、過去の笑い話になっているので書きますが、当時はまさに「笑えない話」でした。

彼の前職は旅行会社であり、そちらでは部長として活躍する優秀な営業パーソンでした。愛想よく、マメだから、お客様にもファンができるほど人気があったし、デキル男でした。同僚・部下・上司も、お客様ですら、彼を「友人」として考えてくれていたと思います。起業分野として選んだブライダル業界でも、きっとうまく行くに違いない。そう考えても無理はありません。毎年もらう年賀状も500枚！　一般的ビジネスパーソンとしては、かなり多いと言えるでしょう。お客様や取引先様とのコミュニケーションを大切にしてきた証です。

ところが、彼が独立した年の年賀状枚数は、なんと20枚に激減してしまったのです。別業界への転身、事業計画の不確かさなどの要因もあったのだろうと思います。思いつく限りの営業を行い、食いつなぐための小さなビジネスも複数実施しましたが、2年を待たずに、8桁用意していた事業資金も、みるみる底をつきました。結果、心も疲れてしまい、彼の挑戦は、いったん幕を引きます。

その後、彼は奥さんと組んで、大逆転・大成功を果たしていくのですが、それはまた別の話。

当時の彼の奮闘を、今までの友人たちは、どう感じ、何を考えて、彼の凋落を見ていたのでしょう？

きっと「何気なかった」のだと思います。

気持ちでは応援していたのでしょうけど、行動まで移すことがなかっただけです。世間の風の冷たさとは「無関心」です。何気なく、罪もない、集団での放置です。

ふと、こんな話を思い出しました。

「そのよいお店が、潰れたのは誰のせい？」

A子「ねぇねぇ、あのお店潰れたみたいよ」
B子「え～、いい店だったのにね～」
C美「私も好きなお店だったのよ～」
ABC「惜しい店をなくしたよね～」

そのお店が潰れたのは以下の2つが原因です。
①ABCさんが行かなくなったからです。「好きだ」と言いながら特に応援はしなかった。
②お店がABCさんを「繰り返し魅了」できなかった。リピートの仕掛けもなかったのでしょう。

お客様というのは「忘れてしまう」ものです。どんなに素晴らしい体験をしたとしても、忘れられない仕掛けがなければ「新しいもの」に目が行きます。「惜しい店」と言っているくらいですから、よいお店だったのだと思いますが、何かが足りなった。

経営とは自己責任であり、誰にも責任を転嫁することができません。

今思えば、件の彼にも「別の打ち手」があったはずです。ただ、過去の成功体験にすがるだけでは起業というソロフライトでは充分とは言えませんでした。起業当初、彼にはいったい、どのような「発想と行動」が必要だったのか?

年賀状５００枚が20枚に減ったからと言って、彼の価値が下がったわけでも、彼の提供するサービスが悪かったわけでもありません。「ドーナツ理論」を知らなかっただけです。

開業1年で過半数が停滞もしくは廃業となる理由

中小企業庁によると「開業後間もない企業は、企業経営を行う上で必要な、資金管理、人材・労務管理、技術・製品、市場へのアプローチ等種々の知識やノウハウが乏しいため、生存率が低くなると考えられる」とされ、創業まもない事業の「廃業率の高さ」を統計データで公開しています。

廃業率については中小企業庁の他にもさまざまなデータが観られますが、おおむね起業1年での廃業は、個人事業主で38%、法人では20%が、事業を存続できていません。これが3年経過すると、個人事業主で62%、法人では38%が、廃業しています。さらに5年経過すると個人事業主で75%、法人では48%となっています。

つまり個人の場合、5年生存率は25%であり、法人でも半分しか生き残れない。厳しいですよね。

廃業にはさまざまな理由があります。収益予測の甘さや、競合の激化、無理な拡大による資金ショート、経営者の体調不良、事故や災害なども含まれます。

ただ、僕が伝えたいのは「コントロールできない外部要因ではなく、コントロール可能な内部要因に目を向けよう」ということ。自分を見失うと、コントロールできるものすらコントロールできなくなります。

いずれにしても5年生存率半分以下が日本の現実。その要因の中には、どうしようもない外部環境の変化に加えて、起業家の成長を阻害するものや、経営者の行動を抑止するものが、当人の「解釈」に潜んでいることを物語っています。

昨今では「働き方改革」が叫ばれ、過労死が大きな問題になっています。とは言え、起業家たるもの、創業期においては、かのランチェスター経営戦略に倣い「通常業務＋学習時間＝仕事時間」と位置付けることも必要だと思います。

そして同時に「生産性」も念頭におかなければなりません。先進国において、「生産性ほぼ最下位」を独走する日本は、よくドイツと比較されます。1人あたりのGDP3・9万ドルの日本に対してドイツは4・22万ドルです。さらに泣きっ面に恥なのは、ドイツ人1人あたりの年間労働時間1363時間に対して、日本人は1713時間。時間当たりの労働生産性に至っては、ドイツ69・8ドル日本47・5ドル。実に1・5倍もの差をつけられています。

もちろん、労働を「美徳」とする日本と、労働を「苦役」とする西洋とでは、そもそもの発想原点が違います。日本において「勤労は尊い」のです。しかし、これからの日本は、長時間頑張る人を評価する局面にはありません。一方、創業期において長時間労働を放棄するのは危険でもあります。キャリアを自己管理する時代ですから、自分の時間を、どう使うか、何に使うか、誰に使うか？　しっかり考えましょう。

D子さんが買ってくれない

ここでもう一度、「ドーナツ理論」の概要を説明しておきます。

「ドーナツ理論」とは、創業など、何かを始めるにあたって、次のような現象が起きることを言います。

- 行動したあなたに対して、友人・知人・身内が、反対者や傍観者になってしまう。

そこで、対策として、次のことを進めていきます。

- その「からくり」を理解しよう。
- そして「逆風」に対処しよう。
- 始めの一歩は「ドーナツの輪」の部分にいる「昨日まで知らなかった人」をお客様にすること。

つまり、あなたを中心にしたとき、ドーナツのように、あなたの周りは「空洞」であるとイメージします。そこはお客様たりえない。身内とは、事業的に観れば、売上に繋がらない「エンプティー・ゾーン」なのです。よってアプローチすべきは「距離的に遠い人」「心理的に遠い人」です。身内の外側に「実」があるのです。

もちろん、身近な人たちの応援を集めることはできますし、全部が全部、反対者・傍観者になるわけではありません。協力してくれる家族や友人も多いでしょう。

ただ「傾向」として、そのような現象が起きることを理解しておいてください。そうしないと、意外な人からの反対に遭って、あなたの心が弱くなり、本来の力を発揮することができずに、事業が伸展しないという事態に陥ります。

ここで、先ほど出てきた、評判がよかったはずなのに潰れてしまった「よいお店」のことを考えてみます。

「あなたがお店を出したら、一番のお客さんになるわ」

お店を出す前には、そんなふうに言って応援してくれていたはずのD子さんが、いざお店を始めてみると、実は最も疎遠になる可能性があるということです。だから「近い人」をお客様として見込むのは危険なのです。

これが「ドーナツ理論」が見ている現象です。


「そのやり方だとうまく行かないよ！」

「絶対に失敗するから止めた方がいいよ！」

「赤ちゃんができたんだから、変な冒険しないで！」

「ダメだったらどうするの？　私たちを路頭に迷わせる気？」

「君が我儘でする借金は、たぶん僕が返すことになるんだぜ！」


こんなふうに言われたら、ツライでしょう。でも、言われるのは、みんな、あなたを「心配」しているからです。みんな、親身なのです。忠告やアドバイスをいただけるだけ、あなたは愛されているのです。

彼ら彼女たちを説得し、納得させる発想と行動については後の章に譲るとして、ここでは最も気を付けるべき点を確認しておきます。それは「無視されること」です。傍観者は、反対者よりも、ある意味タチが悪いです。集団で無視されるだけで、人は命を絶つのですから。人を殺すのに刃物は要りません。

身内の反対は、恐れの産物だけど、愛情の表れでもあると、受け止めたいものです。

収益不動産と若夫婦

「ドーナツ理論」を伝える時に、いつも引き合いに出すいくつかのエピソードがあります。そのうちのひとつが『ロバート・アレンの実践！億万長者入門』（ロバート・アレン著、フォレスト出版）という本で紹介されていたものです。以下、僕の言葉で綴ってみますね。

ある若夫婦が家を買いたいと言いました。
でも、彼らはそこに住まず、人に貸すと言います。
親も友人も反対しました。

「頭金もないのに無理でしょう」
「そんなお金を貸してくれる金融機関があるの？」

「大家収入なんて、ホントに利益が残せるの？」
「もし取得できても、最終的には、売却損が出るよ」
「おまえら何考えてんの？」

収益不動産を買い取り、利回りよく運用するなど、プロがやる仕事であって、素人が手を出したら「必ず失敗する」というのが反対の理由です。「絶対に大損するから止めておけ」という親切な声が、若夫婦の元にたくさん集まりました。もちろん反対する人たちは、愛すべき人たちであり、若夫婦を心から心配してアドバイスしてくれているわけです。

でも、その若い夫婦は、周囲に感謝しながらも、行動を止めませんでした。不動産の勉強を懸命に行いながら、ついに「人に貸すための家」を購入します。周囲の親切な人たちとの関係は微妙になりましたが、そこからさらに10年のうちに、若夫婦は合計4棟の収益不動産を購入。

どの家もしっかりと利回りを計算して計画的に運用できていることから、若夫婦は、気がつくと、「働かなくともよい生活」にシフトできていました。10年前に「猛烈に反対した心優しき人たち」は、「君たちなら、やれると信じていたよ」と手のひらを返して笑っています。老後の生活に怯えながら働く日々から目を逸らしながら、若夫婦の成功を眩しそうに見ています。

以上、『億万長者入門』には、こんなエピソードが紹介されていたのですが、僕はこの物語の登場人物は「全員正しいことを言っていた」と思っています。

反対した人たちの言うことも、もっともだからです。不動産や株式の世界は、その道のプロに勝てる可能性は限りなく低いのです。確かに、素人が手を出していい分野ではないと言えます。また、大家家業を夢見て挑戦する若夫婦が100組いたとしても、成功するのは一握りでしょう。よって、反対者の言い分も正しい。しかしながら「一部の例外」が存在することへの配慮がなかった。

アメリカの自己啓発作家・実業家であるアール・ナイチンゲールの名言を借りるなら「大衆は常に間違っている」のです。

大衆が得ている情報というのは、この場合、「不動産投資は専門家でも失敗するような難しいものであり、１００人チャレンジすれば99人は失敗する」というものでしょう。実は、この情報に大きな瑕疵《かし》はありません。だいたい、その通りです。「その件なら、大概の場合、失敗する」のです。

そして、人にアドバイスするときには「大概の場合」というフレーズが抜け落ちて、「その件なら、失敗する」になってしまうのです。

例外的に「ある」ものに目を向けないのです。不動産投資でも、千件に1件の割合かもしれませんが「都合のいい物件」が存在します。例外的に「存在」するのです。

それは、売主のやむにやまれぬ事情だったり、大穴の競売物件だったりと理由はさまざまですが、「例外的な物件」があるのです。ですから極論ではあるものの「大衆は常に間違っている」は、ひとつの真理だと思います。

もし、大衆が常に正しいとすれば、多くの大衆が成功者になれるハズですよね。成功者とは希少な存在なのです。みんなの言うことが合っているなら、みんな成功するはずです。みんなが「それは無理だよね」ということに光を当て、新しい価値を創造するから成功者なのです。多数決は民主的でいいのかもしれませんが、結論のエッジを鈍らせます。

人に負けない努力と勉強を重ねてもなお、成功が難しい挑戦であり、例外的に成功してしまうケースだったとしても、物事に「絶対」はありません。また、本気の挑戦はいつでも「きっと次につながる」ことを忘れてはならない。

この世で一番簡単なことは「人への批判」であり、この世で一番難しいことは「己を知ること」です。

件の若夫婦は、まさに「自分たちを知って、負けない試合を仕掛けた」のだろうと思いました。僕は、ビジネス講義などで、この若夫婦の挑戦を紹介しながら「ドーナツ理論」の奥深さに思いを馳せます。

あなたの年収は周囲の友人たちが握っている

これは「つるみの法則」と呼ばれるもので、自己啓発の世界では頻繁に言われることですよね。あなたも聞いたことがあるのではないでしょうか。

簡単に言えば、あなたが日頃お付き合いしている友人知人10人の年収平均を出してみると、あなたの年収金額と合致するというもので、肌感覚として理解できるものだと思います。そしてこれは、年収だけの話ではありませんよね。きっと性格的にも、価値観的にも、あなたが日頃お付き合いしている友人知人は、「近いもの」を持っているだろうと推察できます。

その人たちとのお付き合いは、きっと「居心地がいい」のでしょう。話が合う人たちとの時間は、楽しいものだからです。だとすれば、日頃お付き合いのある人たちというのは、鏡のようなものかもしれません。自分という個性を浮き彫りにして映し出す鏡です。

でも、その場所に居続けることで、あなたの夢は叶うのかどうか、検証してみる必要があります。彼ら彼女たちは楽しくてよい人たちであるのは間違いありませんし、愛すべき人たちです。ただ一方で、あなたの夢にとって、乗り越えるべき何かが内包されている可能性はありませんか?

ハーバード大学のニコラス・A・クリスタキス教授らが発表した研究結果によれば、太った友だちが身近にいると、2～4年以内に自分自身も肥満になる確率が最大で171%も増加するのだそうです。

年収の話題は下世話かもしれませんが、お金以外の分野でも、同じような力学が働くのだと考えられます。

でも、お金に色はついていません。お金は単なるツールですし、あなたが広めたサービスの対価=お客様からの感謝が形を成したものです。喜んで受け取って、さらに豊かになって構いません。ただし、そうすることで、今までお付き合いしていた人たちとの「別れ」も演出される可能性があります。

例えばセミナー。今まで参加してきたセミナーが、もし3、000円～5、000円程度のものなら、そこに参加している受講者の多くは「5、000円なら自己投資してもよい」と考える人たちです。「5万円のセミナーは高いから参加しない」と判断している可能性があります。

逆の言い方をすれば、5万円のセミナーに参加するような人たちとは、価値観が違うわけです。「セミナー代は身代金」と言った人がいましたが、僕もそう思います。その代金は「あなたが、あなた自身を『値踏み』した金額」なのです。自分には5万円を投資する価値があるとか、5万円の投資を必ず活かすという覚悟があれば、高額セミナーにも積極的に参加するのだと思います。

よって、5万円のセミナーに集まる人たちというのは意識もレベルも高く、行動力もあり、それなりのノウハウもすでに持っていると見当がつきます。

かの大前研一氏の有名な示唆をご紹介しましょう。

「人間が変わる方法は3つしかない。
1番目は時間配分を変える。
2番目は住む場所を変える。
3番目は付き合う人を変える。
この3つの要素でしか人間は変わらない。
最も無意味なのは『決意を新たにする』ことだ」

弁護士が存在する理由

なぜ、弁護士が必要かと言えば、「当事者間では解決不可能」だからですよね。先入観、固定観念、確証バイアスの奴隷となっている当事者同士では、感情のコントロールが効かず、落しどころを探ることが困難です。よって、弁護士のような客観性と専門知識をもった存在が必要になります。

これは、「伴走」を価値とするコンサルタントにも同様のことが言えます。経営者と一言一句全く同じ台詞を、その会社の社員に伝えたとしても、コンサルタントの言うことなら、聞き入れる可能性が高まりますし、社員と一言一句全く同じ台詞を経営者にぶつけたとしても、コンサルタントの言うことだから経営者も受け入れる、という現象があるわけです。

ただ、ここは弁護士やコンサルタントを雇えという話ではありません。「ドーナツの罠」

に落ちて、世間の風の冷たさを知ったとき、弁護士やコンサルタントのような「俯瞰してみる鳥の目」や「もうひとりの役割を果たす客観的な自分」が必要だということです。

「メタ認知」という言葉があります。

これは、自分自身を客観的に認知する能力のことを言います。「認知していることを認知する」ということです。そして、認知するだけでなく、制御までを含めて「メタ認知能力」と呼ばれています。

これは古代ギリシアの哲学者ソクラテスによる「無知の知」という考え方が起源です。「彼らは何も知らないのに知っていると思い込んでいるが、私は何も知らないということを知っている」と言えるのは、まさにメタ認知ができているということですよね。

自分の長所や短所を把握し、自己をモニタリングした上で、その対処法まで導き出す力は、「対ドーナツ」においても有効です。自分をコントロールできれば、相手との距離も測ることもできます。

周囲からの反対や、市場の無反応に遭遇したとき、まるで「打ち手がない」ような錯覚に囚われるときがあります。そんなときでも、自分やマーケットを俯瞰してみることができたら「無限の打ち手」が見えるはずです。

「まだまだやれることがある」と思えるかどうか？　それが、無慈悲なドーナツを遠ざけます。起きている現象について、どう解釈するかで、事態を好転させることができます。

「心構え」とは、単に精神論にあらず、僕らを勇気づける最高の技術であり武器です。

よそ者、若者、馬鹿者

町興しの難しさは「受益者負担」にあります。

人は、往々にして「利益は得たいが、負担はご勘弁」なわけです。使命感をもって真に取り組める人物はごく一部の人であり、あとは、おんぶに抱っこ状態。

世間には、足を引っ張る人も多いものです。よって、真にブレイクスルーできる地域は「少数派」だと見受けられます。正直者が馬鹿を見る状態では、物事の進展は望めません。

では、うまく行っている地域は、何が違うのか？　それは「よそ者、若者、馬鹿者」を活用できているかどうかです。

まず、よそ者とは、外部ブレインのことです。それは行政であったり、専門家であったり、コンサルタントです。彼らはよい意味で客観的視座を持っています。当事者間では解決できないことにメスを入れてきます。

次に、若者とは、文字通り、経験は浅いかもしれませんが、生命力があって、未来を語ることができる存在です。地域の将来の主役となる人たちの意見を無視することはできませんよね。

最後に、馬鹿者です。同じ地域に暮らしていると価値観や考え方が似ている人たちが多いでしょう。その中で、馬鹿者は、自由奔放です。突拍子もない発想と行動で皆を唖然とさせますが、こうしたマイノリティーからしか「革新」は生まれないと思います。多数決では予定調和にしかならず、当たり障りない企画でのチャレンジを余儀なくされます。


僕の経験した中では、福島県二本松市岳温泉「ニコニコ共和国」は素晴らしかった。爽やかな山肌に大小の旅館が景観よく整然と立ち並び、飲食や雑貨のお店が寄り添う温泉地。ウォーキングのメッカを打ち出し、健康をキーワードに、上手なPRを組み立てていました。地域を「ニコニコ共和国」というコンセプトで、独立国家として徹底したマーケティングを実践。

僕も10年間携わりましたが、役者揃いの素晴らしい人たちとの交流は、とても楽しかった。よそ者、若者、馬鹿者のバランスもよくて、喧嘩だって、真剣だからできるわけです。

「ドーナツ理論」とは、ある意味「身近な人たち同士による『足引っ張り』の理屈」なのですが、ニコニコ共和国は、そのあたりも、逆に、赤裸々で、正直で、裏表の少ない取り組みだったと思います。

総論賛成、各論反対

「税金は公平に使わなければならない。国民の負担が増えないよう予算は最適に配分すべきである」というのは総論であり、その延長線上に「公務員の給料を2割カットする」という各論があるとしたら、公務員の人たちは総論では賛成でも、各論では猛反対ですよね。

会社の方針には賛成でも、それを自分が担当することになると反対派に回ります。総論賛成各論反対とはデジタル大辞泉によると「趣旨には賛成するが、個々の具体的事柄には異議を唱える」と説明されています。

例えばホームページでは「スタッフの紹介」というコンテンツを入れた方が、閲覧者への訴求力が高まり、会社への問い合わせが増え、結果、業績向上に寄与するでしょう。さらに「売上目標を超えた分は、賞与に反映します」と言えばよいのですが、そこまで伝えたとしても、総論ではみんなが賛成しますが、各論では反対に回る人も出てきます。

個人情報保護の観点から難しいとか（確かに簡単ではない）、個人的に顔出しは絶対に嫌ですとか（それもそうでしょう）、各論としては反対派の存在は無視できず、結局、ホームページでのスタッフ紹介は「顔無し」になってしまったりします。

ある会社では「リモートセールス」を導入しようという話になりました。訪問しての営業や商談を少なくして、移動にかかる「経費と時間」を削減し、効率化・高収益化を図ろうというものです。これも総論賛成でしたが、各論では反対も多かった。導入するＩＴツールへのアレルギーがある、顔を合わせないとコミュニケーションが取れない、上司が部下の管理ができないなど、いわゆる正論が噴出しました。

この会社の場合、僕が関与していたので「ノットアグリー・バット・コミットメント」ができましたから大丈夫でした。

「ノットアグリー・バット・コミットメント」とは、反対するとき、議論するときは、徹底して行い、「決定したなら、賛成できずとも、確実に、全力で、言い訳をせずに実行する」ということです。このようなリーダーシップのない会社は「導入しない」という結論に至るのです。

人間というものは、リスクなしで、リターンだけを求める傾向が確かにあります。あなたが新しいことを始めるとき、ステークホルダーの合意形成には苦労するでしょう。

「ドーナツ理論」を理解できれば、そうした合意形成にも、きっと役立ちます。

ギバー、テイカー、マッチャー

ペンシルバニア大学ウォートン校で組織心理学の教授を務めるアダム・グラント氏の著書『GIVE & TAKE「与える人」こそ成功する時代』（三笠書房）は、僕に「大いなる確信」をもたらしてくれました。

これは「タライの法則」の科学的データに基づく証明であり、僕が提唱してやまない「おかげさま、おたがいさま思想」の裏付けであり、「情けは人の為ならず、巡り巡って自分の為」という昔からの諺の事例集です。このあたりは本書後半の「解決編」に詳述しますので、ここでは「ギバー、テイカー、マッチャー」という分類から触れて行きたいと思います。

世の中には3種類の人しかいません。

- ギバー（giver）「与える人」（他者思考）
- テイカー（taker）「奪う人」（自己中心）
- マッチャー（matcher）「良くも悪くもバランスを取る人」（マジョリティー）

前掲の本では、「他者志向のギバーになって人生を豊かにしよう」という主張がなされていますが、「他者志向のギバー」とは何でしょう。

まずは、ギブ・アンド・テイクではうまく行かないということを理解してください。単なる「等価交換」では、全体のパイが拡大しないからです。それを踏まえて、もう一度3つのパターンを見てみます。

- どこまでも自分の利益を優先させる人をテイカー
- 他人の利益を考え惜しみなく与える人をギバー
- 損得勘定に長けた人をマッチャー

このように定義して、この中で、誰が一番、「うまくいかない人か？」と言われたら、あなたは誰だと思いますか？　つまり、所得も伸びず、生産性も悪い人です。

実は、意外なことに「ギバー」なんです！

「えっ、松尾さん、それじゃ話が違うよ」

そうですね。でも焦らないでください。

まず、この3者の割合ですが、マッチャーが一番多くて6割近いです。次にテイカーとギバーはほぼ同じくらい。どちらかと言えば、テイカーが多めです。ギバーは少数派なんですよね。

マイノリティーにして、成功からも見放されている。これはマズイです。

でも次の質問で覆しますね。

「では、もっとも成功して豊かになる人は？」


そうなんです。

これもまた「ギバー」なんですよ！

つまり、ギバーは、2タイプに分かれる！

- 自己犠牲のギバー
- 他者志向のギバー

……そういうことです。

「自己犠牲のギバー」は人のために疲弊しますが、「他者志向のギバー」は自分も他人も豊かにするのです。僕はこれを「プロデュース型ギバー」と呼ぶことにしました。

奪うだけのテイカーでは一時はうまくってても最後は凋落します。誰かの犠牲の上に利益を生み出してもそれは気持ちよくありませんよね。また、「貸し借りおあいこ」のバランスを取るだけのマッチャーも大きな成功はしない。それにマッチャーは、よいお返しもするけれど、しっぺ返しもする人たちですから、僕は嫌いです。

「目には目を」で生きている人たちが、世間の大半を占めているのです。なんだか悲しいですよね。だから、あなたには「プロデュース型ギバー」の生き方を選んでほしいです。

「全体のパイが大きくなるようにプロデュースする！」という考え方は、言い換えれば「生態系の拡大」です。「おかげさま、おたがいさま」の精神で、誰もが幸せを追い求めることができる。

これが「創造的な利他」です！

等価交換などと、貧しいことを言ってないで、ひとりひとりの「取り分」が最大化するように動いてください。

「三方良し」をプロデュースできる人が、創造的ギバーであり、もっとも成功するのです！

第2章　あなたに、傍《そば》に、いてほしい

ある少女起業家の憂鬱

ある女子高生が、マクロビオティックレストランの事業構想を持ち込んできました。正確に言えば、僕が心から尊敬しているご両親からの依頼でしたが、お話を聞くと、とてもよいコンセプトです。オープンに向けて、僕もコンサルを引き受けたのです。

その女子高生は小学高学年から「拒食症」となりましたが、拒食症でも「食べたい」と思える食事やスイーツというものが世の中にないことに憤りを覚え、ないのであれば「自分が作りたい！」と、研究に没頭することになります。

数年間の試行錯誤を経て、ついにひとつのレストランを構成するだけの「メニュー」が完成。自ら食材を求め、試作調理を繰り返してきたメニューです。僕も試食しましたが、美味しさと健康が見事に融合した素晴らしいものでした。

女子高生が起業、しかも、拒食症を克服するために、自らが創作したマクロビ料理を提供するのです。美少女だからメディア受けもいいでしょう。僕もマーケッターとしてワクワクする仕事でした。

しかしながら、商業施設が密集する街中某所にテナントを仮決めし、内装設計も進め、資金計画も作り、いよいよ不動産契約という段階になって、辛い告白を受けることになりました。ご両親と共に僕と商業施設士の前に現れた彼女は言いました。「このお店はオープンできません。ここまでしていただいたのに、本当にごめんなさい」と涙ながらに訴えられたのです。

いったい何が起きたのか?

実は、彼女が親しい友人たちにこのお店の構想を話した時の反応が、ネガティブだったというのです。

「みんなも喜んでくれる、楽しみにしてくれる、応援してくれる」と思っていたところに、カウンターパンチを食らったようでした。歓迎されないなら、やる意味がないと、落ち込んでしまったのです。

この「食べても太らない」というコンセプトレストランは、こうして日の目を見ることはありませんでした。僕も悔しかったです。

身近な人たちからのネガティブな反応。これこそ「無慈悲なドーナツ」であると思います。この空洞のおかげで、どれだけの起業が頓挫し、どれだけの夢が破れ、地域経済への「見えない機会損失」を与えてきたかと思うと悲しくなります。

過ぎてしまったことを語っても詮なきコトだし、経営に「もしも」はありません。でも、もし、このお店がオープンしていたら、いったいどれだけの女の子たちに、夢を与えることができたか。女子高生でも、想いを込めたお店が出せるとなれば、すごく明るい話題を提供できたはずです。そして同じく拒食症に悩む人たちに、大きな希望を魅せることができたでしょう。さらに言えば、大人たちだって、女子高生の起業にアントレプレナーシップを刺激され、地域の起業熱が増したかもしれませんよね。嗚呼、口惜しいです。「行動する人」の邪魔をしないよう、「何もしない人」は、大人しくしていてほしいのです。

あなたには「私の知っているあなた」でいてほしい

あなたの周囲の人たちの潜在意識には「あなたに、傍《そば》に、いてほしい」という想いがあります。

いつまでも「私の知っているあなた」でいてほしいのです。これは一種の「恐怖」かもしれません。あなたが目覚め、夢を追って、行動し、変わってゆくことを、見逃せないのです。

誤解を恐れずに言えば、「あなただけが成功してゆくことを許せない」のです。

これは許せないと思っている当人たちすら気付いていない、深層心理、本音の世界で繰り広げられる葛藤です。

事業スタートを反対された女子高生も、友人たちの「あなたに傍にいてほしい」という無意識にやられてしまいました。

僕はいつも「誰も、何も、間違っちゃいない」と考えています。みんな「よかれ」と思って生きているし、その人なりの「正義」があり、自分に恥じない「良心」を持って、誠実に行動しています。どんなに無情な人でも、その人を大切に思っている誰かがいます。

みんな、誰かの、愛おしい人なのです。

「ドーナツ理論」で発露する現象は、ほとんどが「無意識の世界」からやってきます。だからこそ難しいのですが、このハードルを乗り越えないと、人生は拓けず、人によい影響も与えられず、人間関係も、経済活動も、理不尽な限定を受けます。これでは世界の損失は計り知れないと考えているわけです。

人の心理は、「愛とジェラシー」で出来ているのです。

お客様は「過去と圏外」からやってくる

ここで少し趣を変えた話をしましょう。

僕の会社「株式会社 乾杯・ＫＡＮＰＡＩ」は２００９年の創業なのですが、お客様として想定していたのは、僕が、それまでの仕事を通じて、よく内情を理解できていた「温泉旅館」です。

でも、当時、お客様はゼロ。いろいろ考えて「今までのお客様をお客様にしない」という方針を立てたのでした。というより、今までのお客様は、お客様になり得ないと感じたのです。

というのも、コンサルタントという仕事はアドバイスが主眼ですが、会社を創る前までは、僕のアドバイスは「無料」だったからです。つまりアドバイスには課金せず、成果物の粗利の中に含まれていたのですね。パンフレット、テレビＣＭ、イベント、設計建築。

そのような成果物を受注するための呼び水が、僕のアドバイスだったわけです。
でも、コンサルタントになったら、訪問、面談、研修、会議、アドバイス全般の「カタチのないもの」に課金させていただく必要があります。よって、それまで電話一本でさまざまなアドバイスをもらっていたお客様に「これからはお金がかかります」とは言えないし、先方様だってそんな意識になれない。

ということで、昨日までお会いしたことのない新規の経営者を、お客様としてお迎えする必要があったというわけです。では、どうやって、新しいお客様と巡り合うか？　その答えは、かつてのお客様が、この局面で重要な役割を担ってくださるところにありました。それは「紹介」です。

ということで、僕の会社が軌道に乗った秘密をお伝えしますね。

7月7日に会社を登記した僕は、まずはメルマガを発行しようと思い、9月創刊を目指して、システムのセットアップと執筆を始めました。読者獲得についてはウェブサイトのSEOをしっかりと行い、特典のオファーをつけて地道にコツコツ進める予定でしたが、今思うと冷や汗ものです。そうそう簡単に、新しいお客様に出会えるはずもありません。「かつてのお客様が、あることをしてくださらなかったら」僕の会社は軌道に乗らなかったと思います。

その方を仮にYさんとしておきますが、そのお客様＝Yさんが何をしてくださったか？それは、パソコン通信と呼ばれる時代から綿々と続いていた「宿泊業界専用のメーリングリスト」に、「松尾さんと言う人が独立して無料メルマガを発行するようだよ」と情報を流してくださったのです！　結果、3社のお客様とのご縁をいただくことができました。

それにしても3社は大きいです。当時1000人と聞いたメーリングリストの参加者（旅館の社長や若旦那）の中で、メールの件名を見て、本文まで読む人がどれだけいるでしょう。せいぜい20％程度だと思われます。そして人数にして200人が本文を読んだとして、無料メルマガに登録してくれた方が50人もいたのですよ。登録率25％です。

そしてその50人の中から3人の旅館経営者が、僕に早々に連絡をくださいました。2社は当社の会員として有料登録をされ、1社は「すぐに会いたい」ということで訪問、そのまま顧問契約となったのでした。本当にありがたいことです。

僕はこうして「昨日までお会いしたことのない新規の経営者」と巡り合ったのです。その後も、僕のお客様は全部新規の方々です。しかも、距離的にも遠い方々。宮城県に、温泉旅館に詳しいコンサルタントがいるにも関わらず、問合せをいただくのは、ほぼ県外・遠地の旅館です。

さてここで、その「からくり」を考察してみますね。

創業当初お客様になってくださった宿3軒の経営者は、僕とはまったく面識がありません。僕に興味を持ったのは、ひとえにYさんの「人望」によるものです。メールで流れてきた情報の書き手はYさんですから、読んだ人たちは、日頃有益な発信をし続けてくれているYさんへの厚い信頼の元「松尾さんとやらがどんな人かは知らないが、Yさんがオススメするなら、メルマガも無料だし、登録してみよう。Yさんが言うなら間違いないだろう」と思ってくださったわけですね。

Yさんという、かつてのお客様は、紹介者として、有り難い役割を担ってくださいました。心理的に遠くても、距離的に遠くても、先入観や固定観念もなく、僕のお客様になってくださる人と巡り合わせていただきました。

もし「ドーナツ」に絡め取られていたら、かつてのお客様に対して、新しい船出をした僕のお客様になってもらえるように、懸命になり過ぎていたかもしれません。そして「どうして取引してくれないんだ」という心理になって、世間の風の冷たさに凍えていた可能性があります。

付け加えるなら、僕の顧問先様は、数で言えば、温泉旅館も少ないのです。旅館専門のコンサルタントでデビューしたにも関わらず、自動車、保険、エステ、建築等々、全然違う業種業界のお客様とのご縁が広がっています。専門外は業界を問わない。まさに「ドーナツ理論」そのものを体験し続けています。

離婚、破産、選挙、大病

僕の「ドーナツ体験」を語ったついでに「友人の葬式に参列し、友人代表で弔辞を述べている最中に亡くなった人」の話をしましょう。

それは僕の父です。

人様のお葬式で亡くなるなんて、本当に人騒がせな父でした。

彼は25年間、地方新聞社の記者をしており、編集長にまでなったのですが、その後ペンを折ります。「記事の書き方ひとつで、町の首長すら辞職させせることができる」という事実に深いところで気付いてしまったからです。

彼は、粋人だったと思います。秋田の山奥にいながら、読書会会長、混声合唱団団長、吹奏楽団コントラバス奏者、町の観光物産館社長、有名タレントを田舎町に呼ぶプロデューサー、新聞社を辞してからは、本家が経営するホテルの常務に収まっていました。文化人を気取り、人生を謳歌した人だった。その流れの中で野球協会会長もしたのですが、そこで出会った友人が亡くなり、葬儀では友人代表で弔辞を述べることに。そして、その日が父の命日となりました。享年64歳。弔辞を読んでいる途中で、心筋梗塞。帰らぬ人となりました。

そんな父とは、意外にも会話が少なかった僕ですが、数少ない会話の中で聞いたのが「離婚、破産、選挙、大病。この4つを経験すれば、人生の何たるかが、ほぼ掴める」という話です。新聞記者としての経験、遊び人として交友関係から、彼なりに出したひとつの結論でしょう。

離婚すれば、嫌でも人生を考える。
破産すれば、人の冷たさと温かさを知る。
選挙に出れば人間の社会性を学ぶことになる。
大病すれば、もし、退院できたら、こんな人生を歩もうと思いを改める。

そんな話でした。コンサルタントとして僕も、人が抱える矛盾について、いつも考察していますが、たまに思い出すのが、この父からの伝言です。我が「ドーナツ理論」も、そんな思考の土壌があったからこそ生まれたのかもしれません。

親の借金から学ぶ

自己開示のついでに、母の自己破産についても書いておきます。

これは僕の事業動機にも繋がる話なので「ドーナツ理論」とも無関係ではありません。

さて、父が死ぬ8ヶ月前から、母からお金を無心する電話が、毎月かかってきていました。当時僕は34歳で、まだサラリーマン時代。妻と、まだ1歳半の長男と暮らす生活の中で、母親に送金するのは大変でした。何しろ「こうちゃん（僕の名前）今月20万円足りないの」「今月は60万円振り込んで」という塩梅で、年始を挟んで、毎月毎月足りない分を補っていたのです。

そんな中、父の死をきっかけに、僕は実家の家計が火の車であることを知りました。母はいわゆる「昭和の職業婦人」の先駆けであり、美容室と喫茶店を経営していたのですが、時代の変化には対応できなかったようです。ひと頃は「こんなに儲かっていいのかしら」という時代もあったようですが、逆に言えば高度経済成長とバブル時の記憶しかなく、経営の舵取りができなくなっていたのです。

数十年の時流は、ライバルを増やし、コンビニが進出し、専門店が現れ、大型店が町の地図を変えていきました。旧態依然とした経営では、立ち行かなくなるのは当然です。

すでにセールスプロモーターとして仕事をしていた僕は、母の現状を見たとき「これはうちの町だけじゃなく、日本全国で起きている現象」だと思いました。銀行が過去最高の利益を出しているかたわら、町の商店街にある、薬屋も、本屋も、自転車屋も、カバン屋も、ケーキ屋も、スーパーだって、みんな疲弊していました。家業を継いだ子供たちも、親のビジネスを踏襲するだけで、危機感は感じられませんでした。本当にマズイと思ったものです。

すぐに僕は、母と祖母を、僕が住む仙台に移住させるべく住宅の建築に取り組みました。タイミングを見て実家を売却し、借金に充てることにも成功。しかしながら、母が隠していた借り入れが別途発覚して、結局「お手上げ」となり、ついに母を自己破産させるに至ります。そのタイミングで次男が誕生。この間1年半以上かかっていますが、ここに僕の「創業の原点」があります。

株式会社 乾杯・KANPAIは「東北最高の学びと実践を提供する」ことをミッションとしています。そして「みんなが健やかに暮らせますように」とのビジョンを持ち、「商売とは相思相愛を探し出逢う旅である」というパッションで動いています。これは、母の自己破産を通して見えた、地方経済の危うさをサポートしたいという思いから来ているコンセプト群なのです。

もし、僕が、地域の役に立てるとしたら、それは「セールスプロモーション」である。そう思っています。だから、何か新しいことを始める人たちが「ドーナツの罠にかかって立ち往生」するのを、僕は決して見逃せないのです。

アルプスの地図

『ストーリーとしての競争戦略』（東洋経済新報社）という、経営書としては異例の20万部を突破したベストセラー書籍があります。楠木建一橋大学大学院国際企業戦略研究科教授が著したものです。この類の本の中では「面白さ」という点でも一級品ですが、各企業研究をベースにした専門的内容は原書に譲ることにします。

この518ページある分厚い本の中で、僕が感銘を受け、膝を叩いて共感した、素晴らしいエピソードが、得難い示唆を含んでいる価値ある物語なので、以下、僕の言葉に直して書き綴りながらご紹介しますね。

ある登山隊が冬のピレネーを踏破するために雪の中を進んでいたところ、過去に例を見ないほどの「雪崩」に遭遇します。麓の人たちも救助隊も、その見立ては「絶望」。あの雪崩ではひとりも生きてはいないだろうと。ところが運よく全クルーが生存していたのです。とは言え、ほとんどの装備は雪に持っていかれ、まさに今すぐ行動を起こさないと本当に皆死んでしまう。そのときひとりの隊員のポケットから地図が出てきます。まさにこの山の地図です。「このラインが、あの尾根だろう。だとしたら、このように行けば助かるはずだ！」全員が地図を中心に頭を寄せ合って話し合いました。何しろ、命がけですから真剣です。途中クレパスなどの難所がありましたが、みんなの心と力をひとつにして突破。何とか救助エリアまで辿り着きます。驚いたのは救助隊員でした。全員絶望だと思っていたところに、全員の帰還です。「よく頑張りましたね！」「いや、この地図がなかったら我々は死んでいました！」地図を見た隊員はふたたび驚きます。「あなた方、このギリギリの状況で冗談は止めなさい。これはアルプスの地図ですよ！」

という話です。

著者の楠教授も「示唆に富んだエピソード」と評価しています。僕もそう思います。経営の現場は、「答えのないことに答えを出していく」判断の連続。そして、その戦略が間違っているかどうかは、究極、やってみなければ分からない。そのときにモノを言うのが

「心をひとつにして取り組めるかどうか」です。

事前の徹底した議論は必要ですが、いざ、決まったからには、チーム一丸となって取り組むことです。その地図を疑っていたのでは、遅からず全員死んでしまいます。「この地図は正しい」と信じて、徹底的に行動すること。そうしてようやく活路が拓けるのです。

起業、新規事業に限らず、徹底して行動するからこそ、それが間違いなら早く気付くことができるし、貴重なデータも得ることができます。それに、多少の間違いでも、徹底行動によって、成功を引き寄せることができます。

一番ダメなことは「おっかなびっくり、抜き足差し足で進むこと」です。それでは正確なデータを得ることができませんし、成功をつかみ取ることもできない。慎重さは必要ですが、吟味しているうちに時期を逃すことの方がリスクです。

周囲の意見は貴重だし参考にしなければならないが、それが元で逡巡しすぎないように、というのが「ドーナツ理論」で広めたいことのひとつです。

第3章　何のために？　動機と情熱について

日本とアメリカの絶対的な差

アメリカでは、若くしてチャレンジし、セミリタイヤした人を称賛すると同時に、チャレンジして失敗した人をも尊敬しようという風潮があるように思います。古くは「アメリカンドリーム」というコンセプトの元、フロンティアスピリッツ溢れる挑戦に夢がありました。

第26代大統領セオドア・ルーズベルトは『賞賛に値するのは、実際に行動した人物であり、汗と血でまみれ、勇敢に戦い、何度も間違いを犯して成功にまで手が届かなかった人物であり、熱意をもって身を捧げ、有意義な目標に向かって全精力を使い、たとえ失敗したとはいえ果敢に挑戦した人物である』と述べています。

その精神は今も、形は違っても生きているでしょう。もちろん、社会とはそれほど好意的なことばかりではない。それはそうです。でも、少なくとも「失敗を前向きに歓迎する態度」は好ましいし、自由（と責任）の国アメリカには、そうした文化があることは見て取れます。

リスクに対して果敢に挑戦した人を称賛する気風、僕は大好きです。

一方、日本は、島国根性というか何というか、大らかさに欠けるところがあると感じます。失敗した人を軽蔑したり、横目にしたり、無視したり。会社を倒産させれば、無能扱い、人でなし扱い（そこまで酷くはないですが）。これでは社会に「活力」というものが生まれません。

「失敗したらどうしよう」よりも「失敗してもいいじゃないか」と考える人が多くいることが、社会の進歩発展にとっても望ましいです。

失敗したら恥ずかしいとか、生きてゆけないとか言っていたら、行動にブレーキがかかるに決まっています。また、その「恐れ」が、少しの反対意見を、有効で正当なものだと捉えて「やらない理由の温床」となるでしょう。

行動しないことを恥としましょう！

世界幸福度ランキング62位

２０２０年度世界幸福度ランキングによると、首位は3年連続でフィンランド。デンマーク、ノルウェーなどトップランカーは北欧諸国が多いですね。そして日本は２０１８年の54位、２０１９年の58位からさらに4位後退し、62位です。いわゆる先進諸国の中では最下位と言っていいでしょう。中国に抜かれて久しいと言っても、日本はまだ世界第3位の経済大国ですが、幸せを実感できていない国民が多いのです。ちなみにアメリカは18位。

経済大国と言えども「幸福度」から見ると影が薄いです。このランキングは、国内総生産（GDP）、社会的支援（Social Support）、健康寿命（Healthy life expectancy）、社会的自由（Freedom to make life choices）、寛容さ（Generosity）、汚職のなさ・頻度（Perceptions of corruption）、ディストピア（人生評価／主観満足度）＋残余値（Dystopia

＋Residual）を分析して積算しています。

日本のランキングが低い要因は2つ。この2つが足を引っ張っていて上位に食い込めないのです。

1つは「主観満足度」です。日本人は妙に奥ゆかしく謙虚なので、自らを「幸せだ」と言い切れないところがあります。セルフイメージそのものの低さが、実質的な幸福度とズレがあるのではないかということですね。でもこれはまだ許せます。

僕が許せないのは2つめの要因。「寛容さ」が少ないことです。つまり「他者への寛大さ」がないのです。前項でも書いたように、行動して失敗した人を称賛する気風がない。そして、ネットは日々炎上するわ、セクハラやパワハラには戦々恐々とするわ、正論を振りかざし、自分の不徳は棚に上げて人を責めるわ、メディアは芸能人の不倫騒動などゴシップで視聴率を稼ぐわで、あまりいい風潮とは言えませんよね。

とある地銀の支店長が、行内通達を出して曰く「681でお願いします」と言いました。

これは、飲み会のルールなのですが、「6時〜8時まで飲んだら、1次会で帰れ！」ということです。つまり何を指示していると思いますか？　答えは「2次会に行くとパワハラが起きるし、3次会に行けばセクハラが心配だから、1次会で帰ってね」ということです。情けないですよね。2次会でのご利用を待っているお寿司屋さんだってあるし、3次会に来てほしいと切望しているカラオケ屋さんだってあります。この支店長は、経済を回すことよりも、不祥事を恐れている。

このように、人を信用せず、他者への寛容度、寛大さがない状態では、企業はチャレンジしませんし、個人だって、行動しない方がマシだと思うようになります。これじゃダメですよね。

まったくもって「ドーナツ理論」があてはまります。

挑戦できない風潮に押されて、たくさんの挑戦しない人たちが住む国、ニッポン。アグレッシブな外国人との交流が激増する21世紀において、日本は、果たして伍して行けるのでしょうか？

あなたはホントにホンキなのか？

「ドーナツ」に負けてしまうのは、実は、周囲からの圧力よりも、自らの信念が弱いことが大きな要因です。確かに世の中全体が「失敗を奨励する、寛容度の高い社会」であることが望ましいのですが、ことはそう単純ではないし、すぐにはそうならないでしょう。信念が弱ければ、打たれた杭は、凹んだままで終わります。

パレートの法則（80：20の法則）というものがあり、有名なので説明は不要かもしれませんが、曰く、2割のヘビーユーザーが、その会社の売上の8割をもたらしているとか、曰く、2割の優秀な営業マンが、その会社に必要な利益の8割を担っているとか、曰く、2割のヒット商品が、その会社の8割の収益を支えているとか、曰く、2割の重要な仕事をこなすことで、8割の成果につなげることができるとか、そういう法則です。

これは仕事に限らず、社会の多くの現象を説明することができる優れたものです。協会ビジネスの第一人者でありコンサルタントの前田出先生から伺った話をご紹介しましょう。前田先生は200以上もの協会ビジネスの立ち上げをサポートしてきましたが、その協会が、押し花であれ、コーチングであれ、ヨガであれ、何であれ、すべてに共通する数字を発見したのです。協会ビジネスの肝は「講師育成」にあるわけですが、受講生たちのレベルにもパレートの法則が見事にあてはまるようです。

- 受講生の8割は趣味で終わり、残り2割は稼ごうとする。
- その2割のうち、さらに2割が、スタープレイヤーを目指してゆく。

すなわち、受講する科目が文科系であれ体育会系であれ、ビジネスとしての成功もまたパレートの法則が作用するというのです。受講生が100人いれば、その中の20人が頑張り、その20人のうち、4人が、食べていけるようになる、中にはスタープレイヤーとして活躍する人も出てくる、ということです。

100人中わずか4人の人がリーディングパーソンとして牽引していく。前田先生によれば「どんな分野でも、必ずそうなる」とのこと。

あなたが本気になれなくとも、誰かが本気で取り組むのです。でも、僕は言いたい。情熱を消さず、歩みを止めるなと。あなたにこそ本気の人になってほしいと。

「今月中にやります」という人と「週明けまでにはやります！」と言い切る人。結果が出るのは後者です。スピードが違いますし、エネルギーに満ちていますから。

- 美しい事業計画立案ができただけで満足してしまい、それを実行には移さない起業家を気取る学生たち。
- 社会との接点がほしいという思いと願いは尊いけど、常識的なビジネスリテラシーに乏しい主婦たち。
- 人から学んだことを劣化した状態で人に教える、不躾で実践の伴わない、にわかコンサルタントたち。

ダメ……じゃない。愛おしいです。

先ほどの文脈だと「松尾さんは、彼らを否定する」と思ったかもしれませんが、世の中に不必要な人など誰もいませんし、すべてはプロセス、ストーリーです。みんながみんな、社会にとって大切な分母です。「みんなでやる、一緒に頑張る」とはそういうことです。だからこそ、その中から「本物」が出てくる。

裾野が広くないと、山は高くそびえることができません。ひとりひとりに「正義」があり、助けたい人がいて、見たい笑顔がある。ひとりひとりに役割と使命がある。だから僕は誰も否定しません。みんな、愛すべき存在です。あとはあなたが、どんなポジションを望み、行動するかです。

その中で、愛情と信念を持っていこう！ 優しさを見せつけて行こう！ と思うのです。

みんなが健やかに暮らせますように

僕が事業に迷ったとき、会うことにしている人物がいます。コンセプションググループの沼倉幸俊さんです。

この「男が惚れる漢《おとこ》」は、仙台と東京で飲食店を経営されています。一軒一軒が、まったくコンセプトの異なる飲食店を数十店舗展開されています。なぜ、ひとつも同じ飲食店がないのか？　それは、スタッフがやりたいお店を、事業計画を描かせ、経営会議や店長会議にてプレゼンによって決めているからです。シビレマス。

初めてお会いしたのは僕が二十代のときでしたが、以来変わらぬ「カッコよさ」で、僕の憧れの存在となっています。「松尾さん、いつでも来なよ。美味しい珈琲を用意しているから」というお言葉に甘え、たびたび勇気をもらうために会いに行かせていただいています。

沼倉さんの哲学は「人類の最大の目的は幸せになること。それは、お客様も社員も同じこと」です。

人は幸せになるために生まれてきたというのが彼の最大美学です。理想なくして行動なし。そんなコンセプショングループのお店では「その日、休みをとっているスタッフが、親を連れてくる店である」という現象が多発します。友人、知人、親、兄弟、恋人、パートナーに、自分が働いている店を、誇りをもって紹介しようとするスタッフがいる。これが商売の本質であり、原点ではないかと思うのです。

沼倉さんの言葉も熱いです。

- 人を幸せにするために24時間を使うならいいじゃない?
- 美味しいものを食べている時、人は必ず笑っているんだよ。
- レストランの語源は「レストア」。お客様を癒し、元気になってもらおう!
- 誰も見たことのない店、誰も食べたことのない料理、誰も聞いたことのない音楽を提供しよう!

- 安心で安全な食材を使うのは当たり前、出来合いに頼らず一からスープづくりをするのは当たり前！
- 偽善でいいからチャリティーをしよう！　お金に色はついてない！　実際に助かる人がいるじゃないか！
- 経営者の役割は、社員を幸せにすることだよ。

シビレマス。

僕の会社「株式会社　乾杯・ＫＡＮＰＡＩ」のビジョンも「みんなが健やかに暮らせますように」と定めています。先に触れたように、父の死、母の自己破産から見えた地域の様子から、僕はセールスプロモーターとして目覚めました。これからも人の幸せを願って、東日本最高の学びと実践を提供するべく、行動していきます！

大切にしたい人は誰？

僕は事業家や起業家の方への個人面談の中で「どんな人を増やしたい？」「どんな人を減らしたい？」という質問をします。これは、その方の「事業動機」を探る質問です。「誰の笑顔が見たい？」「誰の涙を止めたい？」という言い方をするときもあります。少し変化球だと「誰か会いたい人はいますか？」という質問もあります。

小さかった頃、母に家出をされてしまったある女性は、自分も娘を持った時、やむにやまれぬ事情で、ご自身も幼い娘さんと別れることになりました。その娘さんもお年頃に成長したのですが、未だに母親だと名乗ることができずにいます。彼女には大きな夢があり、その夢が実現した暁には名乗り出ようと思いを定めているとのことでした。それが彼女に大きな力を与えています。

不動産で財を成したある夫婦は、戦後の苦労を深く覚えていて、当時の自分たちのような悩みを抱える若者に手を差し伸べています。格安のオフィスを提供し、情熱はあっても知識と経験に乏しい若者のスタートアップを助け、彼らが大きくなって、そのオフィスから巣立っていくのを楽しみにしています。夫婦にとって、若い人たちが力をつけて行くことが、嬉しいのです。

とある若き女性は、犬のトリマーとして自分の店を持ちながら、動物の殺処分を憂いて活動しています。先進諸外国の中で、犬の殺処分ゼロがドイツです。それをひとつの手本としながら頑張っています。日本の15歳未満の子供の数は約1、500万人。実は、ペットとして飼われている犬と猫を数を合計すると1、800万頭を超えます。人の子供の数より多いのです。彼女が大切にしたいのは「限りなく人々を癒してくれる犬たち」です。

あなたの大切にしたい人は誰でしょう？

人は、自分のためより、人のための方が、力を発揮する生き物です。

ある青年が、一流企業の入社試験で、社長から、こんな質問を受けました。

「君、すまないが明日この時間にここへ来てくれないか。それまでに、親の体を洗ってきてほしいのだか、できるか」

「はい、何でもないことです」

と、青年は答えて家に帰りました。

父親は、彼が幼い時に亡くなりました。

母親は、一人で必死に働いて子供を大学まで出させたのです。

彼は、「お母さんが呉服の行商から帰ったら、足を洗ってあげよう」と思い、たらいに水をくんで待っていました。

帰宅した母親は、「足ぐらい自分で洗うよ」と言います。

事情を話すと「そんなら洗ってもらおうか」と、縁側に腰をおろしました。
「さあ、ここへ足を入れて」と、彼は、たらいを持ってきます。

母親は言われるとおりにしていました。
彼は、左手で母親の足を握りました。
しかし、洗うはずの右手が動きません。

そのまま両手で母親の足にすがりつき、声をあげて泣いてしまったのです。

「お母さんの足が、こんなに硬くなっている……。棒のようになっている……。
学生時代に毎月送ってもらっていたお金を〝当たり前〟のように使っていたが、これほど苦労をかけていたとは……」

と知らされ、泣かずにはおれなかったのです。

翌日、青年は、社長に、
「私は、この会社を受験したおかげで、どの学校でも教えてくれなかった親の『恩』ということを、初めて知らせてもらいました。ありがとうございました」
とうれしそうに言ったそうです。

これは、『親のこころ』（1万年堂出版）という本で紹介されていたエピソードです。

親との関係がうまく行ってない人たちも多いでしょう。でも、心の奥底では、泣きたくなるほど感謝している自分がいるのだと思います。もちろん酷い親もいるでしょう。でも、その親だって、そうなる理由があったのだと思います。

誰かを、心から、大切だと思えるなら、あなたは幸せです。

価値ある目標

株式会社サクセスアンリミテッド仙台という会社があり、ＳＭＩという成功プログラムを提供しています。このプログラムは僕も採用していますが、誰もが知る会社のトップから、個人事業主、スポーツマンなど、多種多彩な人たちが採用しているものです。

ＳＭＩとは、SUCCESS MOTIVATION INSTITUTE（サクセス モティベーション インスティチュート）の略で、ポール・Ｊ・マイヤーによって１９６０年に設立され、現在までに世界80カ国にまで広がっている世界最大クラスの能力開発組織です。人々の潜在能力を最大限に発揮させ成功へと導く能力開発プログラムとしてそのアイデアは多くの成功者を生み出しています。

株式会社サクセスアンリミテッド仙台は、創立者ポールＪ・マイヤーの「人々をモティベートし、無限の潜在能力を最大限に開発し、その人にとっての価値ある目標を段階を追って実現することを支援し、人々の成功人生に貢献する」という理念のもとに、SMIプログラムを普及し、フォロー、社員教育を行っている会社なのです。

SMIの「100万ドルの成功計画」の中に、次の一節があります。

「障害や批判、周囲の状況にも惑わされず、人びとが、何を言っても、思っても、しようとも、かまわず、心に描いた計画を、強固な決意をもって成し遂げよう」

僕も大好きなフレーズです。

「同じ程度の才能、同じ程度の教育、そして同じような激しい仕事ぶりなのに、なぜ或る人は他の多くの人よりも、より多くの成功を収めるのだろうか」

ポール・J・マイヤーの問いに対して、我々はパーソナルモチベーションを発揮し、日々答え続けていきたいと思い、行動しています。そしてさらに、SMIの大きな教えのひとつに「あなたにとって価値ある目標を設定する」というものがあります。そしてこれが根幹です。なぜなら、人の成功は「目標設定が8割」だからです。それも、その目標が、あなたにとって「価値あるもの」でなければ、効果は限定的です。SMIでは「成功とは、自分自身にとって価値ある目標を前もって設定し、段階を追って実現することである」と定義しています。

つまり「価値ある目標」が先なのです。

僕にとっての価値ある目標については、あくまでもパーソナルなものであり、今まで、誰にも明らかにしてきませんでしたが、本書を記念に、ここに記します。

「子供たちにとって、憧れの存在となること」

人としての目標、経営者としての目標、そして理念は、公器としてのものです。SMIが提唱しているのは、パーソナルモチベーションですから、あくまでも個人的な目標設定が第一義なのです。

パーソナルモチベーションは、狂暴な「ドーナツ」を無力化する、最高の力です。

あなたにとって、価値ある目標とは、何ですか？

第二部　心構えと具体的かつ実践的な解決のステージ

第4章・第5章は徹底して「解決」を提案します。

あなたと周囲の人々双方にとって、無慈悲で無情で無意識に襲い掛かる「ドーナツ」の脅威に、どう対処し、どう抗い、どう往なし、どう決着をつけるか？　その中で、ビジネスをテイクオフし、成長の軌道に乗せるためのエピソードや具体的思考法とアクションプランを提示します。

第４章　世間の風を温めろ！

ドーナツ撃退のために、あなたに参考にして欲しい具体的なノウハウ、目から鱗の考え方、人生の宝となり得るエピソードをまとめました。

ドーナツの内側に対して7つ、外側に対して7つです。合わせて14の知恵を紹介します。

起きる事象には「解釈」で対処し、先手の「行動」を以て、地に足をつけて歩んでいきましょう。

これは有名な「だまし絵」ですが、あなたには、おばあさんに見えるでしょうか？　それともうら若い女性に見えるでしょうか？　絵そのものは変わらなくとも、見る人の「観方」によって、おばあさんにも、若い女性にも見えるでしょう。会社も、事業も、世間も、家族も、どう観るかです。解釈ひとつで、次の行動が決まります。

1　身内や友人への7つの「ドーナツオペレーション」

①「逆転思考」あなたの顔は誰のためにあるのか？

鏡では、自分の顔を正確に見ることは不可能です。左右逆ですからね。写真では見ることができますし、映像でも見ることができますが、日常生活や仕事の場面においては、自分では自分の顔を見ることはできないということです。あなたの顔を、日常的に見ることになるのは他人様なのです。だとすれば、自分の顔は、他人様のためにあるのです。人様に不快な思いをさせないためにあるのです。

その素敵な笑顔で、大切な家族を心から明るくするためにあります。
その真摯なまなざしで、お客様に満足していただくためにあります。
その穏やかな面差しで、パートナーを癒してあげるためにあります。

人は誰かの役に立つために生まれてきたとすると、顔こそは、すべての入り口です。顔は「玄関」なのです。玄関のない家には、誰も入って来れませんよね。それでは誰の役に立つこともできません。もっと言えば、頭脳も、視力も、嗅覚も、味覚も、声も、腕も、心臓も、足も、あなたのすべては誰かの役に立つために有るのです。そしていずれ、行動のすべて、時間のすべてが人のためになるでしょう。

自分よりも大切な人がいる。
それが幸せであり、成功だと思います。

僕は生来の読書好きでしたが、近年、読む本の内容と選び方が変わってきました。「今、僕のお客様にとって是非とも必要な内容かどうか？」という選び方です。これは、僕が販促アドバイザーという立場で、お客様の問題解決に日々取り組んでいるから当然と言えば当然ですよね。

本の内容が、僕の経験と融合リンクしたとき、きっとお客様の役に立つ実践アイデアが生まれると信じて読書をするわけですが、誰しも、自分のために行動するより、人のために行動する方が、エネルギーが湧きます。

自分のものは、他人のものなのです。


では問題。

「トイレの鍵は誰のためにある？」

普通に考えれば、

「トイレの鍵は、自分のためにある。なぜなら、開けられたら恥ずかしいから」

となりますよね。

でも、逆に考えられないでしょうか？

「トイレの鍵は、間違ってドアを開けちゃった人に、恥をかかせないためにある」

逆もまた真なり。

名作ドラマ「王様のレストラン」（三谷幸喜さん脚本）の中で、伝説のギャルソンを演じる松本幸四郎さんの台詞に、僕の心を捉えた一節があります。

「最高の料理を味わうには、お客様の力も必要です。

お客様のコンディションが悪ければ、料理の味は半減します」

もちろん、逆もあります。お客様に誠があっても、こちらのパフォーマンスが悪ければ同じこと。

つまりは、おたがいさまであり、おかげさまなのです。

②「感謝実感」このテッシュボックスだって

あの「3・11の震災」で、仙台に住む僕たち家族も被災しました。

被災当日、僕は仙台駅前で、夜に開催するセミナーの最終確認のため、共同開催者と待ち合わせしていました。はじめは「足の裏」に感じました。地下にゴジラがいるのではないかと思うほどの強い震えが十数秒。そして激震。高層ビルの谷間にいた人たちと僕は、ガラスなどの落下物を恐れて、車道の真ん中に集まりました。

何分続いたかもしれない大地震によって、信号機は色を失い、街は停止しましたが、そのときの僕はまだ、夜にはセミナーを開催する気でいました。その後、いったん事務所に戻り、共同開催者はじめ何人かと、スマホに流れる映像を、驚きをもって見つめ、開催を断念。僕の車に乗せられる人を乗せて、それぞれが希望する場所まで搬送後、信号機が機能しなくとも、車も譲り合って通行する市街地から、家族の待つ家に到着したのは22時を回っていました。ふたりの息子たちは、当時まだ小学生。彼らは、ろうそくの光で、迎えてくれました。

次の日からはサバイバルです。情報を遮断されたエリアで、電気も水道も絶たれ、僕ら家族は、意外なほど早く夜になってしまう家で、寄り添って眠る日々。でも文明の明かりが灯る日が来ます。

深夜1時。突然、家の電気が点いたとき。夜でも家族の顔が見えたとき。僕はとっさに目に映ったテッシュボックスを両手に持って息子たちに言いました。

「このテッシュボックスのデザインを考えた人がいる。テッシュの厚みを決めてくれた人や工場で生産してくれた人、そして僕らが購入できる場所まで運んでくれた人がいる。たくさんの人の手を渡って、今、テッシュボックスがここにある。それって、実は、当たり前のことじゃなかったね。もう、ホントに、ありがとうだよね」

この感謝の実感と、他者への敬意を、忘れることはできません。

「ソフト・パワー」という概念があります。

これを提唱したのは、クリントン政権下において国家安全保障会議議長、国防次官補を歴任したアメリカ・ハーバード大学大学院ケネディスクール教授のジョセフ・ナイ氏。

ソフト・パワーとは、国家が、軍事力や経済力といったハード・パワーによるのではなく、文化や政治思想などへの共感を得て、国際社会の人々の支持を得ることで、これには①脅威を与えること、②金銭的見返りを与えること、③相手を魅了すること、の3通りあるとされています。

「人を魅了する力」

かの東日本大震災で、日本は、このソフト・パワーで諸外国を絶句させました。

- 日本人には道徳という名の血液が流れている。
- 我慢の文化、礼儀正しく他者をいたわる行動様式。

アメリカのＣＮＮやイギリスのＢＢＣのコメントです。

「有史以来最悪の地震が、世界で一番準備され訓練された国を襲った。犠牲は出たが他の国ではこんな正しい行動はとれないだろう。日本人は文化的に感情を抑制する力に優れている」

ジョセフ・ナイ氏はＡＦＰの取材に対し「悲劇は計り知れないが、日本が持つ非常に魅力的なある面を、この悲しい出来事が明らかにしている」と述べた。「そうした面が共感を生み出すことに加え、このような災害に対して冷静に秩序正しく反応し、近代国家としてなしうる構えのできた、安定した、礼儀正しい社会であることを示している」

米紙ウォールストリート・ジャーナルの社説。「３００年に1度の大震災による大混乱の中で、日本人は冷静さを保ち、膨大な救助・復旧活動をまとめ、そして広く世界の称賛を集めている」

とんでもない暴動も起きない。
整然と行列を作って並ぶ生活者たち。
各人が互いに協力して難局を乗り越えようとする姿。
世界中が感動し、称賛を与えてくれています。

このソフト・パワーこそ、日本が世界に範を示すことができる最大の資産です。これだけの未曾有の災害時に、これだけの秩序で行動できる国民は他にいない。僕らは日本人であることを誇りに思います。「他者から応援される力」「人を魅了する力」これが「ソフト・パワー」です。

僕ら起業家は、ソフト・パワーに目覚めなければなりません。そして常に「行動」です。今この瞬間、僕らにどんな「貢献行動」「利他活動」ができるか？　そこに「ドーナツ」の入り込む余地はありません。

③「他者貢献」最強の営業方法とは？

僕の顧問先である大貫建築の大貫社長は、1日1人に、何か貢献できることはないかと思って行動しています。

この人に紹介できる人はいないか？　この人が喜ぶ情報はないか？　以前、あの人がほしがっていたのはコレじゃないか？　教えてあげよう。まさに「与える人～ギバー」です。かくいう僕も、新しいお客様をご紹介いただきました。自分がよいと思ったことを、人に伝えるだけで、喜んでもらえる人たちがいる。彼は、与えることを楽しんでいますし、気持ちがいいのです。

僕は、他者貢献＝何か、人や情報を、紹介すること＝こそ、最強の営業方法だと思います。

「ドーナツ」の攻撃にやられるような人は、心優しき人です。もとより、強引な営業などできませんよね。だったら、誰かを思って、誰かのために、自分を動かしたらいい。僕たちにはソーシャルメディアもあります。特にフェイスブックは、大原則が実名利用ですから、実際の人間関係をネット上に再構成したものと言えます。

ソーシャルメディア全般に言えますが、例えばフェイスブックで誰かを応援すること。第1章の「10万円ボタン」を思い出してください。見返りを期待せずに、誰かが笑顔になることを願って、楽しく紹介して差し上げること。情けは人のためならず、巡り巡って自分のためです。多少の下心があったっていいじゃないですか。その方が人間らしい。

それはテクニックではありません。

それはこぼれたワインを美味しくいただくようなものです。

相手のワインを満たしてのち、ホンの少しだけこぼれる分をもらって、心からのありがとうを伝えながら、最高の笑顔を見せようぜと、言っているのです。もっと飲みたい気持ちは分かります。美味しいワインをグラス一杯味わいたい。こぼれる分だけでいいなんて、それは強がりです。

でも、そんな愛おしいあなたのグラスに、他の誰かがワインを注いでくれるのです。

世間では、お互いを紹介しあう「システム」を教育し、組織立って行う販促手法があります。それは一種の祭りのような賑わいですが、あまりやりすぎると「欲」が垣間見えてちょっと違和感が出てしまいます。過ぎたるは猶及ばざるが如しです。

もちろんそうした発想やシステムを否定するものではありません。誰もがよかれと思って生きているし、ひとりひとりが、よりよい明日を願ってしていることですから。だから組織票を活用しようとするシステムも「善い」と思うわけです。

でも、僕の提案は、少しだけニュアンスが違います。

他者貢献を、システムとして行うのではなく「文化」にしようということです。

だから、僕が学長を務めるビジネス大学の理念は「おかげさま、おたがいさま」です。

テクニックでも、システムでもなく、文化にしたいのです。

人の業を肯定しながら、弱さも、情けなさも認めて、素直に謙虚に、相手に敬意を払うこと。

ひとりひとりが、仲間のために発揮する「実力」を身に着けること。

我が身を顧みず、皆が、誰かのために行動すること。

誰かの役に立つ、何者かになって行くこと。

あなたがそうなること。


世の中の人たちが、それぞれの相手のことを思って、相手のために行動し合う世界。

相手のことは自分が行い、自分のことは相手が行ってくれる世界。

まったくの理想論ですが、少なくない人たちが、このことに目覚め、人のために動けるようになれば、世界はもっと楽しくなります。

④「笑顔挨拶」ミラーリングを駆使する

人に善い影響を与える最高のものは「笑顔」です。

僕の大切な友人に、浅野道子さんという笑顔の達人がいますが、幼いころからアトピーに悩まされてきました。特に30代の5年間は、あまりにも酷いアトピーで自宅に引きこもっていたのです。医者も「ここまでの症状は初めてだ」と唸ったくらいのアトピーで、女性として、どんなに落ち込んだか、想像を超えています。
でも同時に、その医者が驚いたことがあります。それは「こんな状態でも、気持ちが安定しているのはどうしてだろう？」ということでした。普通なら、この世の終わりのように精神が凹んでいてもおかしくない。外出すらできない彼女が、それでも持ちこたえているのはなぜか？

『母の笑顔』

学生の頃大人になってから人間関係の悩みや長期治療で辛くて、泣いてた時、
いつも笑顔で寄り添っていてくれた母。

遠く離れていた大学時代はまだ携帯電話がなくて
1人5分と、決まっていた女子寮の公衆電話に何度も何度も並んで
涙がなくなるんじゃないかってくらい、わんわん泣いた。

見かねた寮母さんが
向かいの図書館前の公衆電話を使っていいよ
って言ってくれたほどだったなぁ。

アトピー治療をした5年間は本当に抜け殻だった。

顔も体も皮膚が爛れて誰かわかんなくなって寝れなくて、
痛くて痒くて痒みに思考を全て持っていかれて
何にも考えられないのが辛かったなぁ。

そんな時、唯一の支えが『母』だった。

母の笑顔があったから私はがんばってこれた。
母の笑顔があったから私の今がある。
この仕事を選ぶきっかけになったのも母だった。

ずっと話をきいてくれていつも心配してくれている、
全然怒らなくて優しい笑顔の人。

母の娘でホントに良かった。
79歳のお誕生日おめでとう♡

……これは、道子さんが、お母さんの誕生日に投稿したフェイスブックの文章です。

今、彼女は、顔ヨガインストラクターであり、スマイルトレーナー®として活躍しています。

僕のビジネス大学も卒業してくれたのですが、彼女は「ミラーリングの天才」だと感じました。ミラーリングとは、相手の言葉や仕草を真似ることによって、相手に親近感を抱いてもらうことができるという心理学用語です。もちろん彼女は、テクニカルに意図して使っているわけではありません。ごくごく自然にそうなっているだけです。

相手が不機嫌だとしたら、あなたの笑顔が足りないのかもしれません。逆に、会う人逢う人合う人が、みんな笑顔だとしたら、あなたがいつも笑顔でいるからかもしれません。笑顔を乗せた挨拶は、何よりも素晴らしい。

嫌な顔を見せる「ドーナツ」君も、最後には、微笑んでくれるに違いありません。

笑顔は、人の命を救う最強のツールなのです

⑤「終始質問」魔法の言葉は『教えてください』その人が喜ぶキーワードを探せ

「教えてください」という言葉は、人間関係を創るためにとても有効です。

例えば、以下のようなことを質問してくる営業マンには、経営者なら心を開いていきます。

- 創業の動機は何だったのですか？
- 今の仕事に出会ったきっかけは？

●この業界は今後どうなっていくのでしょう？
●どんな会社だとクチコミされたいですか？
●墓石に刻むとしたら何という言葉を？

こんな風に「教えてください」と言われると悪い気はしません。人は「しゃべりたい生き物」です。特に、自分のことを話したいし、聞いてくれる人に好意を持ちます。

「私は、あなたと、あなたの会社にとても興味・関心がありますよ！」ということを伝えられて、嬉しくない経営者はいません。そして自分はなるべくしゃべらないで、相手に気持ちよくしゃべってもらう！　これだけを武器にして、経営者の集まりに参加しましょう！　きっとあなたに、望ましい何かが起こります。質問して、答えてもらえたら、あなたの中に、相手の情報がインプットされます。そうすれば、相手が喜ぶポイントも分かってきますよね。

僕がそれに気付いたのは小学生の時でした。

6年生の時のことですが、担任の先生に次のように伝えたことがあります。

「先生には信念がありますね！」

僕も子供だったので「信念」の何たるかを分かっていたかは怪しいですが、感じたままを素直に伝えたのです。

そしたら、その先生は「超・すごく・嬉しそうだった」のですね。

嗚呼、人にはそれぞれ、「言われると嬉しい言葉」というのがあるのだと分かりました。

今、コンサルタントになって留意していることは「この人の、喜ぶ言葉は何だろう」です。

- 部下思いですね。
- スピードありますね。
- 理想が高いですね。

- 丁寧でよいですね。
- 本音だからいいですね。
- 夢がありますね。
- 運命ですね。
- 安心ですね。
- さすが面白いですね。
- 誰も思いつかないですね。

等々。その人が、一番「認めてほしいポイント」を掴むと、コンサルが効果を発揮してきます。

信頼関係があるのと、ないのとでは、コンサルの成果に大きな違いが出るのは、想像に難くないでしょう？

相手に気持ちよく仕事をしてもらえたら、僕も、相手も、その周囲の人も、その先のお客様も、気持ちイイに決まっています。僕は販促屋ですが、同時に心理学者でもあります。

すべての経営者、そして商売人は、マーケッターであり、サイコロジストになりましょう！

⑥「恩赦通心」人を許すことで望むものすべてが手に入る

松尾家の家訓のひとつに「人生で一番大切なことは、人を赦すことである」というものがあります。「誰かを赦せない」ということは、そのことに心と時間を奪われ、結局は、自分自身の人生を台なしにするのですよ。

だから、あなたの自由のために、自分から人を赦しましょう。

- 奥さんの言葉が許せない。
- 夫の行動が許せない。
- 上司の態度が許せない。
- 取引先の担当が許せない。

ただでさえ、複雑に込み入った生活の中「誰かを赦せない」という「心」ほど、大切な人生にとっての打撃はありません。

僕の知人に「Tちゃん（仮名）」という女性がいます。もう50歳を超えていますが、ものすごい美人さん。若い時分、田舎の喫茶店でバイトしたときは、常連さんで独身の男たちは戦々恐々として恋のライバル心を燃やしたようです。

大人になり彼女はスチュワーデスになったのですが、歯医者さんに見初められて結婚し、３人の子宝に恵まれて素晴らしい人生を送っています。でも心残りがひとつだけありました。それは、彼女が中学生のとき、ご両親が離婚し、彼女は母親に連れられて、上に二人いたお兄さんとも生き別れになったことです。

人生ですから、いろいろあります。でも、悪いことに、お兄さん方は、母親を恨むばかりではなく、母と一緒に出て行ったTちゃんのことも恨んでいるのです。「誰かを許せないという心が、その人自身の人生を台なしにしている」という言葉通り、以来35年以上、この三兄妹は再会していません。特に二番目のお兄さんは、自分の奥さんにすら、「兄弟は兄貴だけ。自分に妹はいない」と言っているくらい依怙地です。

しかし、お父さんが危篤に近い状態になり、とうとう一番上のお兄さんが、共通の知人を介して、Tちゃんに連絡をとってきました。

「父の最期には、手をにぎって見送りたい」

30年来会っていない父親に対して、Tちゃんはそんなふうに言いました。


当人たちにしてみれば「お前に何が分かる！」と激昂されたとしても、僕は言いたい。

本人たちはそれでいいでしょう。でも、自分の周囲の人たちにまで、よくない影響を与えるとしたらどうでしょうか？

人を殺しても25年で時効です。人にはいつでも償いのチャンスが与えられていると思います。


近しい人ほど、人間関係を維持向上させることが難しいのです。もはや「修行」です。

だから、家庭こそ、最高の「道場」なのです。家族との人間関係を通じて、困難を乗り越えることが人生の学びであり、人が成長するということなのではないでしょうか？

だからこの場合の三兄妹がとるべき態度は「素直な気持ちで相手を許すこと」。それ以外有り得ないのです（でも3人とも、本当に誠実で善い人たちなんですけどね。僕も大好きな人たちです。人生とは簡単ではありません)。

人生で一番簡単なことは、人の批評であり、一番難しいことは、人を赦すことと、己自身を知ることです。人を赦すことは難しい、僕も実感しています。人のことは言えません。しかし、赦さないことで失うものの大きさは計り知れないということも知っています。

彼らの周囲には、彼らを人生のパートナーとして選んでくれた大切な人がいて、さらには、何の罪もない子供たちがいます。幼い心は、幼いゆえに解決不能な問題をどう処理するか?

それは「いつか解決してやる」という無意識の固い決意の元、心の奥底にしまい込まれます。本人にすら自由に取り出すことのできない、心の深遠にある引き出しにしまい込まれるのです。

しかもそれは、その子の将来において、いつか、そして何度でも爆発する「地雷」となるのです。そしてその爆発は、大人になったその子にとって、本来傷つけたくない人=自分のパートナーや自分の子供たちにまで重大な損傷を与えるのです。

大人として、親としての使命責任は、そんな危険な地雷を、わが子の深層心理「無意識」の中に埋め込まないことです。「他人を赦せない人と一緒に暮らす」ことが、どれほど好ましくない状況を生むのか、想像を絶します。

本来は、感謝すべき人に感謝できないでいるということが、さまざまな問題に形を変えて人生に襲いかかってきます。

今からでも遅くありません。注意しましょう。

そして、あなたの中の「インナーチャイルド」を許してあげましょう。

⑦「素直一番」楽しそうな背中

「君のことを、必ず幸せにするよ」

お決まりの台詞（かなり古いけど）ですね。もっと言える人ならば、「いつ」「どのように」「幸せにするか」を加えることも可能でしょう。というか、「いつ、どのように」の方が、むしろ大事です。

でも、幸せの本質を考えたとき、「君を幸せに」なんていう台詞は、見当違いであると言えます。「人は他人によって幸せになる」という一面も確かにありますが、原則的には「人は、自らによってしか幸せになり得ない」のです。逆に考えるとなんとなく理解できると思います。

では「あなたがいなければ幸せになれない人」という人を、あなたはどう思いますか？

僕が講演でよく話す話題に「幸せになる順番」というのがあります。自分と他人、幸せになる順番はどちらが先でしょうか？　みすぼらしく、覇気も精気もない男から「君を幸せにするよ」と言われても信憑性が薄いですよね。女性にしてみたら「信じらんない」ってことになります。

だとしたら「まずは自分が幸せになる」ことが必要なのでしょう。社員研修においても僕は「幸せなスタッフだけが、お客様を幸せにする」と言っています。

では、どうすれば、自分が幸せである状態を創れるのでしょうか？

この「解」を得るためには、幸せを定義する必要があります。

僕なりの定義は「幸せとは、あなたがいてくれてよかったと他人から言ってもらうこと」です。

自分の存在を許され認められたとき、人は幸福感を得ます。「自分は他者から必要とされるほど、重要にして不可欠な存在であるという〝自覚〟」こそ、幸せの正体です。これを自己重要感と言います。

だから幸せになるためには、人の役に立って喜ばれるのが王道です。とすれば、先に幸せにしなければならないのは「他人」ですよね。自分が幸せであるためには、他人をまず幸せにしなさいということ。

あれ？

とすると、幸せになる順番は、他人が先ということになりますよね。結局どっちなんでしょう。

答えは、パラドックス・メビウスの輪・クラインの壺です。

幸せになる順番は、表と裏の区別をつけることができず、境界も表裏の区別も持たないものなのです。パラドックスを日本語にするなら、僕は「おたがいさま」あるいは「おかげさま」と訳します。「幸せになる順番」の答えらしきものをまとめるなら、お互い同時に相手の幸せを願って行動することだと思います。人は一人では幸せを感じることができないのですから。

福井県出身のタレント・歌手・作家・冒険家・実業家である清水國明さんが、『野ばなしのススメ』（扶桑社）という本の中で、吐露していることがあります。

はじめの結婚のとき、妻から言われた言葉は、「私は充電器じゃないんだから」でした。二番目の奥さんから言われた言葉は、「私の青春を返して」でした。

初婚の妻の台詞は、懸命に芸能人をやっていた夫に対する厳しすぎる言葉でした。けれども、テレビ出演時のような笑顔を家庭でも見せることができなかった当時の清水さんも悪いわけです。

つまり「いい夫を仕事を通じて演じていた」のですね。

再婚の妻からの別れの台詞は、今度こそは家庭も顧みようとしていた清水さんへの強烈なアッパーカットでした。結局は、家族の笑顔を犠牲にしてしまう自分がいたのです。

清水さんの分析はこうです。

「ふたりの妻の台詞には、いい妻を拒絶する響きがあった」「妻である前に、女として人として楽しい人生を謳歌したいのであった」「家族のニコニコ顔を拒絶してまで辿り着こうとしている場所は、いったいどんな場所なのか」というもの。

う〜ん。身につまされますよね。無理に「いい夫」であろうとすることは間違いなのです。だから「あなたを幸せにする」は間違いなのです。いい夫も、世間の評価も、さらには家族の評価も気にしないこと。

そして清水さんが出した結論も「自分のために、自分の人生を楽しんでやろう」でした。

自分は、みんながニコニコしているのが好きなのだから、自分のためにキャンプに行き、カヌーで川を下り、オートレースに出て、家族みんながワーキャー言うのを見て楽しもうという結論に至り、それを実践しました。

自分が苦悩している「顔」を見せるより、自分の「楽しい背中」を、家族に見せてしまった方がいいようですね。

そんなご家庭なら「ドーナツ」も近寄れません。

2　まだ見ぬお客様と出会うための7つの「ドーナツオペレーション」

①「ゼロ営業」セールスを不要にすること

「マーケティングの究極の目的はセールスを不要にすることである」

言わずと知れた20世紀最高の経営学者P・F・ドラッカーの名言ですね。

僕の親友に椎木秀行さんという公認会計士がいます。彼は僕の会社の顧問会計士でもありますから、親友であると同時に、業務発注先様でもあるということですね。僕も「ゼロ営業」を標榜していますが、彼はそれを「戦略的」に進めています。題して「なぜか自動的にお客様になっちゃってるベルトコンベアー方式営業（士業編）」

彼は公認会計士・税理士・NLPビジネスプラクティショナーという資格ホルダーです

が、以前は「志立 生きるちからスクール」という、自立した大人たちのための、各種研修、セミナー、講演会、異業種交流会の主宰であり、コミュニケーションマジックの達人でした。僕との出逢いは、その「志立 生きるちからスクール」。

彼が会計士として独立して2年後、当時は珍しかった「育児休暇」が終わって、スクールを再開した頃でした。

- 独立して間もないのに、育児休暇を取っている公認会計士がいる?
- 「志立 生きるちからスクール」はカルチャーからビジネスまで幅広く、講師は「やりたい人」がやるスタイルのコミュニティースクールで、そのコンセプトは「輝く大人の背中を次世代に見せたい」。

というわけで……とっても気になりませんか?

そう、彼は僕にとって(たぶん多くの方々にとっても)「気になる人」でした。

当時の僕は、サラリーマンは辞したものの、ご縁があって、多角経営をしている企業グループの取締役として、経営者の卵をやらせてもらっていました。つまり、将来の起業に向けて準備をしていた頃です。彼がプロデュースする講座ラインナップは、起業を目指す僕にとっても魅力的。だから彼の「引力」に引き寄せられ、ほどなくして僕も、いくつかの講座に参加し、いくつかの講座の講師を彼の司会の元やらせてもらう関係になったわけです。

そのような期間を経て、僕も独立を果たすわけですが、会社登記やら何やらの手続きはもちろん、設立した会社の顧問会計士を誰にするかで迷いはないわけです。当然のことのように「親友である椎木さん」に依頼しました。

現在の椎木会計事務所は、アイアンドエス税理士法人と名前を変更しましたが、お客様で溢れています。なぜなら、彼にとって数年来の友人たちが独立するにあたり、彼に依頼することが多いからです。

そしてアイアンドエス税理士法人は成長を続けます。「士業業界全書」という会計系の事務所をメインに28465社の目録が記され、全国の士業業界の傾向やテーマが網羅された本があるのですが、3万社近い中からトップ500社に選ばれるまでになりました。「日本一わかりやすい会計事務所」を掲げて、理念経営を進め、全国1・7%に入りました。

かつて、彼が構築した「志立 生きるちからスクール」とは、将来の独立事業者の抱卵・培養・保育、つまりインキュベーションインフラでもあったわけです。半自動的に未来のお客様が育つのですから、とってもすごい戦略だと思います。

そして彼には、もうひとつ奥の手がありました。それがコミュニケーションマジックです。

コミュニケーションマジックとは、全国に200人以上の弟子を持つスーパーコミュニケーションプロマジシャンMr．HEROという方が開発したもので、マジックを「従」、コミュニケーションを「主」として、生活や仕事に生かす技術です。

椎木さんもこれを駆使しました。マジックは、スポーツや音楽や芸術同様、国境を越えるコミュニケーションツールです。ビジネスシーンで言えば、例えばパーティーで同席した方が初対面であっても、笑顔をいただくことができたり、相手との共通点がなくても、楽しく会話をすることができます。

そして一番の利点は「忘れられない」ということ。

日々、多くの出逢いがあります。

日々、たくさんの名刺交換があります。

その中で埋もれ、記憶の彼方へ行ってしまう人のいかに多いかは、誰しもが経験することでしょう。コミュニケーションマジックは、その人の「想起率」を上げます。いざというときに思い出してもらえる可能性の扉を開きます。

男性で育児休暇をとるようなユニークな公認会計士であり、生きるちからスクール主宰であり、コミュニケーションマジックを駆使する椎木さん。これら複数のフックが、彼という人間に関する記憶を、人々の脳裏に深く定着させるというわけですよね。士業で開業しても成功が遠いのは、営業活動の難しさにあります。知らない人、影の薄い人、中身が見えない人に仕事は廻ってきません。


資格を取得して士業として開業。名刺や封筒を作り、事務所を構えて看板を上げ、役所廻り、親戚廻り、友人廻りをしたとしても、電話の1本も鳴りません。多くの人は、その営業の難しさに辟易し、頓挫してしまうのです。

ところが「なぜか自動的にお客様になっちゃったベルトコンベアー方式営業（士業編）」なら、営業の苦痛は皆無です。ごく自然に、お客様になるべき人と出逢い、ごく当たり前に、お客様になっていただけるのです。

僕自身がそのベルトコンベアーに乗った人間ですから、よく分かります。コンセプト、コミュニティー、キャラクターを創りましょう！

②「掛け算ブランディング」一瞬で第一人者になる

俳優でタレントのもこみちさんは、料理をするし、キャイ～ンの天野さんは、株式売買のエキスパートです。

故・川島なお美さんは、ワイン通で知られていました。僕の友人のコンサルは、居合いの達人レベルになっています。

- ○○のプロである○○さんは、○○にもメッチャ詳しい！
- その知識と知恵と活動は「玄人裸足」である！

こうしたパーソナルブランディングができれば、お客様との出会いも近いでしょう。人にはそれぞれ、趣味や特技がありますよね。組み合わせ、掛け合わせることによってオリジナリティーが出せます。セルフプロデュースの方法としてオススメなのが、この「掛け合わせ」なのです。「ドーナツ」の追撃からも逃れられます。

引き合いに出すには偉大すぎますが、西野亮廣さんは、日本の絵本作家であり、実業家ですよね。日本国内最大のオンラインサロン「西野亮廣エンタメ研究所」オーナーでもあります。元々は漫才コンビ・キングコングのツッコミとネタ作りを担当していた吉本興業の芸人さんです。見事なセルフプロデュースです。

元・テレビ朝日のアナウンサー日下千帆さんのブランディングもすごいです。アナウンサーから転身したのは「タクシードライバー専門の英会話講師」そして、普段は「ロリータファッション」ということで、相当考えていますよね。さらに彼女は、その後、医療専門の情報を届けるユーチューバーにもなったようです。ホントにお手本のような事例です。

掛け合わせ、組み合わせを想定しながら、次のようなポイントも押さえておきましょう。

●以下のいずれか、または全部を「絞る」ことで、独自化、個性化、差別化できてとんがります。

・ターゲット（象徴となるお客様を設定）
・ニーズ（その人が解決を望む悩みや希望）
・商品やサービス（誰が、何を使い、どうやって解決するのか）

●トレードマークなどアイキャッチを持つこと。

僕の知人の保険外交員さんは、いつも「ブルーのスーツ」を来ています。
同じく知人の商業施設プロデューサーは「三つ揃えスーツ」か「作業服」の2択です。
同じく知人の手帳アドバイザーは常に「ターバン」を撒いています。

●ギャップを創ること。

「こういう人は、こういう話し方をするだろう」「こういう職業だから、こんな服装だろう」という、人々の「固定観念や先入観」を打ち破るのですね。（日下さんのロリータファッション）

●確かなコンテンツを提供すること。

質はもちろん、圧倒的な量をアウトプットすることです。面白くない、役に立たない、興味を惹かない、そんなコンテンツではブランディング不能です。コンテンツホルダーであることを意識していきましょう。

●「誰の、何を、どんな風に、解決する人なのか」

それが分かるキャッチフレーズや、それができると思えるプロフィールを作りましょう。（プロフィールについては、後に解説します）

でも、ここまでは「やり方」です。やり方やテクニックが功を奏するためには、そうです。「あり方」が大切。

あり方とは、好きで、得意で、人の役に立つ、そんな自分の仕事を「素晴らしい！」と、心から感動しながら、日々情熱をもって取り組む！　ということです。

自分の仕事に、愛情を持つこと。

それがあってはじめて、やり方が生きてきます。あり方ができていないと、やり方をいかに工夫しても、表層的であり絵に描いた餅です。結果、セミナー難民になったり、コロコロ態度が変わったり、ブレブレになって時間ばかりが経過します。よって「ドーナツ」の思うつぼです。それは、社会にとっても「損失」です。

あなたを心から待っている人がいるのに、あなたの才能を活かさないなんてよくないですよね。

この項の最後に、もうお一人紹介します。

僕が好きだった小説アニメの主人公「キャプテンフューチャー」です。

太陽系最大の
科学者にして冒険家、

最高の宇宙船操縦士。
本名カーティス・ニュートン。
身長6フィート4インチ（1メートル93センチ）。
目は灰色。赤髪。日焼けした肌をしている。

……ということで、

- 科学者にして冒険家
- コンサルにして哲学者
- 八百屋にしてブリーダー

など、ダブル、トリプルのコンセプトを持つと、一瞬で「独自化」できますよね。
僕も、マーケティングのプロであり、旅館の女将さんの知り合いが多いという「組み合わせ」で『女将力』(商業界)という本の出版に繋がりました。マーケティングのプロは全国にいますし、旅館の女将に詳しい人もたくさんいるでしょう。でも、「両方持っているのは、松尾公輝さんだけ」だったというわけです。経験や特技特性を、単に、組み合わせ、掛け合わせ。するだけで、唯一無二オンリーワンのポジションに「一瞬で」成ることができます。

さあ、「自分の中」に、冒険に出よう!

③「無敵とは味方しかいないこと」奪い合えば足りぬ、分かち合えば余る

僕の辞書には「合い見積り」とか「競合」などの言葉はありません。

同業者は、切磋琢磨する相手様ではありますが、共に同じ業界で商いをしているのであれば、同じ釜の飯を食べる同志として捉えることもできると考えています。共通の業界、共通のお客様に対して向き合うならば、協力できる部分もあります。また、具体的案件においても、そのとき最適の解を提出したところが、たまたま勝利するのであって、そこにはスポーツマンシップにも似たフェアプレイ、真剣勝負があるだけです。

コンサルタントとして独立したとき、とてもナンセンスな思いをしたことが多々ありました。経営と販促と人材教育のアドバイザーとして僕が乗り込んで行く先様には、もともとお取引のある会社様が多数あります。

例えば僕の得意分野である宿泊施設様の場合、それは、広告代理店様であり、印刷会社様であり、ウェブ制作会社様であり、消耗品業者様であり、リネン業者様であり、設計建築会社様であり、内装工事業者様でありと多岐にわたります。

そのときの、僕に対する態度がナンセンスなのです。「この人は、自分たちに仕事を回してくれる人なのか」という目で見られることがあるのです。分かりやすく言えば「松尾さんは、敵か味方か？」という視線です。

確かに僕は、言われたことだけをして、工夫や提案がないデザイナーを、オペレーターと呼んだり、クライアント目線やコンシュマー目線を持たず、コミュニケーション能力も低い営業マンを、徹底的に注意することがあります。でもそれは、関わる会社すべてのスタッフ、そしてその商品を購入するエンドユーザーにとっての幸せを提供したいからであり、そのためには、関わる人たち全員のプロフェッショナル性を追求する使命があるからです。結果として、関わる人たちもみんな幸せになります。

そして僕の采配によって、時に、発注先が変わることもありますが、それを「競争」とは呼びません。お互いにプロとして当たり前のことをするだけですし、中長期的に見れば、「その時」は受注できずとも、（傲慢な物言いですが）それを糧として飛躍するチャンスにもなると信じています。さらに言えば、そのクライアント様に、僕が訪問しなくなる時が必ず来ます。

コンサル契約期間が終了し、僕がいなくなってから、そのクライアント様を支援するのは、既存のお取り引き先様です。だから僕は基本姿勢として、僕の支援先様に対して、新しく取引先を紹介することはありません。僭越ながら、既存の取引先様のポテンシャルを引き揚げることにフォーカスします。

結論は、共に輝きたいだけなのですが、あるウェブ制作会社様から、こんなことを言われた時には、悲しい気持ちになりました。それは僕の台詞から始まります。

「ではあなたは、お客様にとって必要な情報でも、僕に知られるのは自社のノウハウの流出になるから、僕が関与している限りは、有益な情報であろうとも、お客様に伝えることはないとおっしゃるのですか？」

「そうです。これって当たり前ですよね。うちの大事なノウハウですから」

もう、本当に耳を疑いました。これは極端な例ですから、今の時代にここまで言う業者さんは珍しいのですが、多かれ少なかれ、このような感覚をお持ちの会社様は、まだ存在しています。

僕はよく、僕のアドバイスの中身をブログなどで公開します。

もちろん守秘義務がありますから、どこの会社の事例なのかは分からないように書きますが、ノウハウやアイデアそのものは、明確に書くわけです。

「松尾さん、ここまで書いて大丈夫ですか？」そんな風にもしょっちゅう言われますが、大丈夫です。ノウハウをいくら書いても、分かる人にしか分からないし、実際に行動する人は極めて少ない、ということを知っているからです。

むしろ、たくさんの会社様に、参考にしていただき、アレンジしていただくことで、そのアイデアやノウハウが「進化」します。その進化は、場合により、僕や、僕のクライアントの皆様が享受できることもあるのですから、どんどん、アウトプットした方がいいのです。

グーグルさんで検索すれば、大抵の知識が得られる時代に、ノウハウを盗まれる？「何をお尻の穴の小さなことを言ってるのかなぁ」と苦笑してしまいます。

競争より協奏です。知識や経験や才能を、競ってどうするのでしょう？　機能や納期や見積りを、競ってどうするのでしょう？　不幸とは「他人との比較」だと言われますよね。競争より「協奏、共走、共創、共想」の方がよいに決まっています。

僕の視界に入ったならば、みんな笑顔で「乾杯」したい。ただそれだけ。世にスーパーマンはいません。つまり誰しも万能ではない。「謙虚さ」こそが「真の強さ」であり、絆の母だと、心から熱く思うわけです。

周囲が味方だらけの人＝敵がいない＝無敵な人です。

「奪い合えば足りぬ、分かち合えば余る」とは、相田みつをさんの名言ですが、確かに、奪うことは疑惑と憎しみを生み、分かち合うことは安らぎと感謝を生みます。さらに解釈を加えるならば、分かち合うとはシナジーを生むことだと思います。「共創」することで創意と工夫が生まれ、より高い価値を創造できるから、充分な利益を得て、なお「余る」のではないでしょうか？

等価交換ではまだ不十分です。なぜなら、プラスマイナスゼロでは、価値が増大していないからです。

どうせなら、付加価値を増やす方向で動きましょう。

④「人脈100倍術」ありがとうの花束

人脈とは「好きな人たち」のことです。

自分にとって、その人がどんな役に立ちそうか？　などということは一切考えません。

なぜなら、その人が「好きだから」です。彼・彼女に対して、自分の何が、どんな役に立つかということは考えます。なぜなら、「あなたがいてくれてよかった」と言ってもらえることが、幸せの正体だと思っているからですよね。

就職支援訓練という制度があります。これは、ある条件を満たせば、国のお金で好きな資格を取得できる制度ですが、支援先企業様が、これを事業として推進しており、僕も職業人講話という枠でお話しさせていただくことがあります。

社会人として、職業人としての心得、みたいな内容であり、「人脈」の話もします。エントリーシートよりソーシャルメディアの活用が就職活動に寄与できること、人脈とは、その人の「お人柄に与えられるギフト」であること、などをお伝えするのですが、ここで僕は「素晴らしい人脈100人を1秒で作る方法があるけど知ってる?」という質問をします。

答えを言えば「例えば僕の信頼を得てください」ということです。僕には素晴らしい友だちがたくさんいて、その僕の信頼を得ることができれば、あなたが困ったときに、必要な人をご紹介できますよ、ということなのです。

1秒で素晴らしい人脈を100人作るとは、100人の素敵な友だちを持っている、たった一人の信頼を得る、ということなのですね。

資格や肩書だけでは、選ばれない時代においては、人柄、マメさ、誠実さに基づく「人的ネットワーク」こそ最強だと思います。


「相手に対して自分は何ができるか」

このような貢献マインドこそ大切です。

本当に強く優しく素敵な人脈がほしいなら、テイクよりギブです。


自分の商品を買ってほしい、自分の店に来てほしい、もっと紹介してほしい、そう考えるのはいったん止めて、まずは自らが、大切と思う相手の商品に興味を持つ、相手の店に足を運ぶ、相手の提供しているサービスを人に紹介するようにしましょう。また、相手がほしいと思っている情報をどんどん教えましょう。

そして、そのときに注意していただきたいことがあります。それは、決して見返りを求めないということです。

100したら、100還ってくることはあり得ません。「私がせっかく何々してあげたのに」と考えるのは間違いです。下心見え見えの行為は、逆効果。気持ちを入れ替えてください。

縁とは稀なものであり、それを当たり前と思っていては感謝の気持ちが薄れます。

恩とは巡るものであり、「恩送り」という言葉通り、受けた恩は、相手様に「恩返し」をするのはもちろんですが、自分がされて嬉しかったことは、別の第三者様にも「恩送り」してあげましょう。そうすることで、恩は巡り巡ってあなたのところに帰ってくるものなのです。

やったことは、還って来なくて当たり前、もしも還ってきたら「心からありがとう」です。

僕が事業推進支援をしていた公益法人を目指す団体があります。全国団体の仙台エリアの、さらに一部の支援からスタートですが、一部と言っても2千社が会員登録している団体です。これを効果的に活性化させるには、もちろん僕一人の力では不可能であり、多くの仲間を募る必要がありました。僕が発想したのは「生態系ビジネス」です。

コンセプトに共感した企業や人が豊かに生息できる食物連鎖の大きな森。

そして僕が作ったコンセプトは「ありがとうの花束」。

地域から、会社から、人々から、家族から。ありがとうという名の一輪の花。ひとつひとつ丁寧に束ねて素敵な花束をたくさんつくりましょう、ということですね。

そして僕の決意は、
・関わるすべての会社や人にメリットを！
・本当に役に立つ付加価値を市場に提案！
こうすることで、これに共感して協力してくれる仲間と出会うことができます。

つまり、僕の「好きな人たち」と出会うことができるのです。

各人各社が、自身の経験とスキルと能力と人柄を発揮し、さまざまに関わることで、大きく深く仕事が広がってゆくイメージ。各人各社が各々の努力と貢献でブレイクスルーして、ステージを二つも三つも上げて行くイメージ。

そのイメージとビジョンを共有できれば、いつの間にか強くて、優しくて、素敵な人脈になるのです。

本書でも何度か述べているように「競争じゃなく、協奏」なのです。

また、その日食べる食糧をその日に調達しようとするから無理が生じます。狩猟型営業だけでは心の豊かさから遠ざかる危険性があります。だから、種を植えて、大切に育てて行くという農耕型営業を目指したいと思っています。

⑤「弱い紐帯《ちゅうたい》の強さ」とバタフライ効果

「ブラジルの1匹の蝶の羽ばたきはテキサスで竜巻を引き起こすか？」

これは、気象学者のエドワード・ローレンツが1972年にアメリカ科学振興協会で行った講演のタイトルですが、「バタフライ効果」という表現の由来となったものです。

誰かの小さな囁きが、大きなトレンドに繋がるとしたら、夢のある話ですね。因果関係というのは、人の想像を超えることがあります。そして、ソーシャルメディアの世界では、頻繁に起きていることは、あなたも感じているのではないでしょうか。

「弱い紐帯《ちゅうたい》の強さ」

これは1973年にスタンフォード大学社会学部教授のマーク・S・グラノヴェターが“The Strength of Weak Ties”という論文で発表した社会ネットワークの概念です。

これは、「強いつながりの人々＝強い紐帯」よりも、「弱いつながりの人々＝弱い紐帯」の方が、「自分にとって新しく価値の高い情報をもたらしてくれる可能性が高い」とする説です。強いつながりとは、家族や親友、職場の仲間であり、弱いつながりとは、友だちの友だちとか、ちょっとした知り合いなどを指します。

「強い紐帯」で繋がっている人々は衣食住などのライフスタイルや価値観が似ているため、自分とその人たちが受け取る情報は似通っていることの方が多いでしょう。一方、「弱い紐帯」で繋がっている人々であれば、その逆です。思いもよらない情報を与えてくれる存在になりえますよね。また、強い紐帯を持つグループは、緊密であるがゆえに「閉鎖性」を持ちます。これでは新しい情報は入りにくい。そのときに「橋渡しする人」がいれば、弱い紐帯を持つグループからの、新しいアイデアや重要な情報をもたらす道を開くことができます。

異業種交流や産官学連携などは、その意味で価値があります。もし、あなたが「橋渡しする人」のポジションに立てるなら、とても重宝に思ってもらえるし、ハブとなることで、さまざまなコラボレーションをコーディネートできると思います。

例えば「オンラインサロン」。強烈なカリスマを持った人の運営が注目されがちですが、一方、リサーチャーとしての価値を高めて、メンバーを盛り上げる手法をとって成功している方もいます。僕の言葉にするなら「スイッチボード」です。需要と供給を繫ぐ人ですね（くっつけるという意味で「ジェームスボンド」「ボンドガール」などと洒落てみても面白い）。

バタフライ効果も、弱い紐帯の強さも、ソーシャルメディア時代に威力を発揮します。ネットを介して「ゆる〜くつながる」のは、新しく価値の高い情報をもたらしてくれる可能性が高いわけです。そして、ここにも「ドーナツ理論」を絡めることができます。ソーシャルメディアを活用するなら、身近な人たちからの閉鎖的で感情的な情報よりも、遠い人たちからの開放的でフラットな情報を得ることが可能なのです。

「六次の隔たり」という言葉が示しているように、世界中の人たちとは、5人の仲介がいれば、全員と繫がることができるわけです。知り合いの、知り合いの、そのまた知り合いなら、トム・クルーズとも繋がることができる。ビジネスも、ごく近い人たちの中で回すより、心理的、距離的に遠い人たちからの共感を得て行く方が、実は効率的であるケースが多い。近場の人間関係で心を折られるくらいなら、遠い人たちからのフラットな信用を得て行きましょう。

彼らは、あなたのツイッターやフェイスブック、あるいは、あなたが語りかけるユーチューブ動画で、「第ゼロ印象」を形成し、あなたにシンパシーを感じてくれるかもしれないのですから。

⑥「女子高生を愛しんで、で5000万円」プレゼンは根回し8割

タイトルは少々怪しいですが、企画コンペの話です。

実は、サラリーマンを辞めてから、コンペというものをしたことがありません。さらに、サラリーマンだった最後の2年間もまた、コンペにおいて負け知らずでした。その経験から、他社の追随を許さない発想と演出についてお伝えしたいと思います。

あなたが孤立せずに、いつの間にか「うまくいく」ための、ひとつのエピソードです。

とある県、とある市に、日本一と言っても過言ではない「菊人形祭り」があるのですが、そのテレビCMを核とした宣伝プロモーション一式のプレゼンテーションをした時のエピソードです（僕は大本を辿れば広告会社出身ですからね）。

そのプレゼンは、日本一位と日本二位という、誰もが知る大手広告会社も参加する合計7社コンペでしたが、僕は7回参加して4回勝利しました。その中でも特に思い出深かった「女子高生」をテーマにしたプレゼンテーションについて振り返ってみますね。

僕が目指すものは、「夢のあるコンセプトメーカー」です。

優れたコンセプトは距離も時間も価格も凌駕します。

- 時代に求められるコンセプト。
- 夢を思い出させてくれるコンセプト。
- どうしても行きたくなるコンセプト。
- 無視するには魅力的すぎるコンセプト。

そのコンセプトが「共感」を呼ぶ時、無敵となります。勝利の女神が微笑みます。別の項でも書きましたが、無敵とは、強すぎて敵がいないという意味ではなく、周囲に味方・仲間・同志しかいない状態を作ることを言います。

そのとき僕がひねり出したテーマは「女子高生」でした。

この菊人形というのは、職人の世界です。職人さんたちは、菊の花を、愛しむように育てます。それは、かわいい孫娘と同義です。また、職人たちの腕の見せ所の一つに「千輪咲き」というものがありました。たった1本の株から、菊の花を数百本から千本以上、ドーム型に咲かせるという高度な技術です。ですから職人さんたちにとって何よりも可愛い孫娘一人ひとりを花に見立て、千輪咲きのイメージとダブらせるものを創案すればいい。

僕は、それは「コーラス隊である」と考えました。

3段4段に重なり合ってキレイな歌声を披露する女子高生は、さながら美しい千輪咲きのようなものです。花も人も、愛しみ育てるものであり、職人の愛も、親の愛も、孫に対する愛も、咲き時と、晴れ舞台はイメージがダブります。もう、完成したＣＭが脳裏に浮かびます。

実はこのプレゼンは、市長さん助役さん、市の職員の要職の方々をはじめ、地元商店街、地元温泉街のオーナーの方々、さらには、菊の職人さん方、総勢30名近い審査員の「多数決」で決まるのです。だから、そのプレゼンテーションの場に最も咲かせるべき花の名前は「共感」と言います。

その場を「共感の花畑」にできれば、審査会での得票数は上がるのです。そしてさらに僕は常に、以下のことを留意していました。

- プレゼンには最大人数で臨む。5人から7人の体制で、話す順番や役割を決めて見応えのあるプレゼンをすることで「本気度」を伝えます。他社は多くて3名くらいですからね。
- 映像を使用。映像は言葉以上に雄弁です。このときは、女子高生のコーラス隊の映像を軽く編集して、長めのＣＭをダミー制作して臨みました。

- 期待効果を明確にする。

お祭りは、地元の盛り上がりが何より大切です。この場合、地元の女子中学生や女子高生を起用するというのがミソです。彼女たちには親御さんがいます。ご近所さんがいます。もちろん友だちもいます。自分の娘が出ているＣＭを観たからには、例年にも増して、菊人形に関心が集まるわけです。さらには県のパブリシティーネタとして最高です。旅行会社の動きも活発化できるでしょう。全国放送で取り上げられるかもしれません。そんな「達成イメージ」もセットで説明しました。

そして狙いは見事に当たり、圧倒的多数の得票を得て受注となりました。「共感」をベースにした発想と演出をしたのですから、当然と言えば当然です。

プレゼンのコツは、いかに相手の立場に立って、共感溢れるコンセプトを提示するかです。さらには達成イメージの限りない具体化。依頼者は「売り込みじゃなく、志ある提案」を求めています。依頼者は「問題の解説じゃなく、課題の解決」を求めています。

夢を共有できれば、周囲の人すべてが味方、仲間、同志となって、実現に向けて動き出します。必死懸命に考えた「夢のあるコンセプト」があれば、まずは社内スタッフに情熱が乗り移ります。情熱のあるチームが、一丸となってまとめ上げた企画だけが、依頼者の感動と共感を呼ぶのです。

⑦とんでもないところへ行くただひとつの道

「マージナル・ゲイン」という言葉をご存じでしょうか。わずかな改善の積み重ねというアプローチによって、大きな成果につなげる手法で、自転車ロードレースのチーム・スカイのブレイルスフォードGMが提唱・実践・成功した、スポーツ界、ビジネス界の新常識です。

ブレイルスフォードは、この手法によって、イギリス人初のツール・ド・フランス優勝を手繰り寄せました。

1997年、彼がイギリスの自転車競技連盟ブリティッシュ・サイクリングにアドバイザーとして参加した当時、オリンピック選抜チームは、お世辞にも強いとは言えませんでした。しかし彼は「5年以内にツール・ド・フランスで優勝する」と宣言。関係者や大衆の失笑を買い、評論家も「ブレイルスフォードは墓穴を掘った。とんでもない大失敗になるだろう」と揶揄。しかし3年後の2000年、シドニーオリンピックでイギリスは初の金メダルを獲得。2004年には2つの金メダル、2008年にはその数が8つにまで増え、さらに2012年にも同じく8つの金メダルを獲得したのでした。彼は「戦略だけでは意味がない」と言います。確かに、世間を見ていると、確かな戦略を持っていても、実行レベルで頓挫することが多い。大鉈を振るおうとすると現場ではハレーションが起きます。大事なのは改善の「微積」なのです。微積ならハレーションは起きません。

「金属製のペダルを軽量化するために、カーボンへ」「筋力を1%アップするためのプロテイン」「自転車にセットするドリンク容器のフックの角度」「選手の枕は全員低反発製へ」「空力確保の一助で体重を1%ダイエット」など、お金のかかるものもありますが、日々1%の改善を繰り返すわけです。毎日の1%を365日続ければ37・44倍になるというのは計算上の話だけですが、いずれにしろ「継続の力」を否定する人は皆無だと思います。

コツコツと変え続けることがいかにパワフルなのか、あのイチローも言及しています。「小さいことを積み重ねるのが、とんでもないところへ行くただひとつの道だと思っています」

同じくメジャーに行った菊池雄星選手も、14年間書き続けた日記が有名ですね。彼は毎日、「今日の感謝　メジャーへ近づけた一日だったか？　今日をもう一度やり直せるとしたら何をするか？　何をしないか？」を、繰り返し日記につけることで、1％の改善を続けていました。もちろん、同じようにしたからといって、誰もがイチローや菊池選手のようになれるわけではありません。でも「自分がなれたであろう、最高の自分」には近づけるだろうと思います。

コンサルタントとして言えば、この方法でしか、大きな成果にはつながらないと実感しています。

僕はコンサル手法の一つに「マージナル・ゲイン」を取り入れていますから、本当によく分かります。その会社の将来を担うマネジャーや幹部候補たちに、日報を書いてもらい、週報を元に、週に1回、Ｚｏｏｍでのミーティングを開催するのです。

この手法がいかにパワフルか、やっている人にはよく分かるわけです。大きな改革を進めようとすると、反発も喰らいます。でも、毎日「ちょっとずつの改善」ならば、誰もが受け入れて実行するのです。今日の課題を、明日解決できる実感は、実施者に勇気とヤル気をもたらします。

物事を、少しずつ、すこ〜しずつ進めることで「ドーナツ理論」における周囲の無用なハレーションも、最小化できるのです。

「嬉々として1億円も支払った人がいます」

まさに「マージナルゲイン」の威力を証明しているエピソードをご紹介しましょう。

事業を発展させる、業績を拡大させることにおいて、あまりにも素晴らしいアイデアとして、これ以上はない。だから、少なくとも1億円の値打ちがあるということなのです。そしてこれは、文字通り「誰にでも」できるんですよね。そして、ノウハウ中のノウハウであって、その威力は、どんなテクニックにも勝ります。もう、ノウハウというより「生き方」に近いです。

だから、あなたにも、ぜひ知ってもらいたい。


100年前のアメリカに「アイビー・リー」という凄腕のコンサルタントがいました。

彼は、ロックフェラー、モルガン、デュポンなどのすごい企業の顧問でした。

鉄鋼王チャールズ・シュワップもその一人。

ある時、チャールズ・シュワップから、

「会社の生産性を上げるにはどうすればよいか?」

と問われたリーは、

「最低でも1・5倍にする方法があります」

と答え、簡単なメモを書いて渡しました。

そのメモには、

1. 1日の終わりに、明日やることを6つ書き出す。

2．そのリストに、優先順位をつける。
3．翌日、それを粛々とこなす。
4．終わらないものがあっても自分を責めない。
5．これを毎日繰り返すこと。

と書かれており、加えてリーが口頭で補足しました。

「経営者自ら実践し、それを社員にもやるように指示してください。そうして、この方法の価値が実感できたら、私に小切手を送ってください」


それから数週間。

リーの元には今の貨幣価値で言えば1億円の小切手が送られてきたそうです。

添えられていたシュワップからの手紙には、

「私の知る限り、あなたが教えてくれた方法はベスト・オブ・ベストである」

と書かれていました。

僕も、世の中の数ある成功法則の実践編は、この手法に収斂されていくと考えています。

事実、僕の顧客の例を言えば……、

●ある人は、ジョブやタスクのリストを目に見えるところに貼って、お客様の数を2倍にしました。

●あるお店では、その年のテーマや実現したいことを明文化して、売上を前年対比で150％にしました。

●あるサロンでは、やることを羅列するＴｏＤｏリストにあたる「100のビジョン」を掲げて、日々の成長を確認・実感しています。

何よりも「昨日と違う今日を生きていると実感」することが、個人にとっても、会社にとっても、とても大切だと思いませんか？　そして、その事実が、成果に直結するのです。間違いなく「業績アップ」に直結するのです。

半年後のあなたは、
今日のあなたより、
経験値が上がっている。
そうでなくてはおかしいです。
「相変わらず」は、やめましょう。

第5章　こんなとき、こう考える！　実践ヒント集

そもそも「ドーナツ」に絡め取られるような人は、繊細です。心優しい人です。

それは、とてつもない魅力であると同時に、優しさが邪魔をして、ダイナミックに行動できないという可能性を内包しています。

本章では、そんなあなたに、「思考のヒント」を具体的に提案します。

実践ヒント① 【お金がない問題】

自分にお金がない

お金がないというのはツライですよね。いろいろな事情で、借金を抱えている方も多いでしょう。

お金がないことは、動けない（動かない）理由付けとなり、思考停止になりがちです。

ここでは三つの提案をします。

一つは「お金がなくともできることをやる」のです。

世は、ソーシャルメディア全盛です。ひと昔前と比較して、事業を始めるにあたって資金は必要なくなりました。まずもって無料で情報発信できるメディアは無数にあります。

フェイスブック、インスタグラム、ツイッターなどの「フロー型メディア」（投稿はどんどん過去に流れていくし、相手から見に来てもらわなければならないが、即効性があるメディア）もあれば、ブログ、ユーチューブなどの「ストック型メディア」（遅効性ではあるが、過去の投稿でも検索にヒットさせることを狙えるメディア）があります。

これに、公式ＬＩＮＥやメールマガジンという「プッシュ型メディア」（こちらのタイミングで相手にアプローチできるメディア）を組み合わせることで、あなただけの「仕組み」を構築できます。うまくやれば無料でリストを構築できますし、ファンを創っていくことも可能です。

もう一つは「紹介ビジネスをやる」のです。

あなたが紹介することで、その人に売上がもたらされたら、その人は感謝して「紹介フィー」を支払ってくれます。実際に、紹介料を設定している会社はゴマンとありますし、設定していなくとも、こちらから持ち掛けることができますよね。

例えば「火災保険の活用を提案して、保険金が下りたら成功報酬をいただく」というビジネスを展開している会社があります。この会社は「紹介」をベースに顧客開拓していますので、あなたが紹介者になることで、成約時出来高の紹介フィーをもらうことができます。僕が実践者ですので実際に証明済みです。

火災保険は「火事のときに使うもの」と勘違いしている人がいるのですが、実は火災のときだけではなく、多くのケースでは「物損」も入っていて、風雪で建物が壊れたり、大雨で床上浸水したりなどの、被害全般に対して保険金が下りるのです。

それを知らない人に、火災保険の活用方法を指南し、建物補修見積作成から保険会社への申請、査定員との現場立ち合いまでしてくれる会社があります。成果報酬ですから、もし、保険金が下りなければ、そこまでの作業や交通費含め、すべて無料なのです。

あくまでも保険金が下りたら、その中から支払ってもらえばいいいし、その支払いの中から、あなたに紹介フィーが発生します。あなたは、あなたと信頼関係のある人に「こんな会社がありますよ」と教えて差し上げるだけ。火災保険に入っていない建物はありません。住宅でも旅館でもテナントビルでも、必ず入っています。よって、市場は無限にあるのです。紹介するだけですからお金は要りませんよね。

ちなみに火災保険は、何度使っても、保険料が上がるということはありません。自動車保険のように、使えば使うほど保険料が上がると思い込んでいる方もいらっしゃいますが、火災保険の性質は「お見舞金」なので、有事の際には、何度使ってもいいのです。そこを親切に教えてあげましょう。

三つ目は「借入を起こす」です。

国民政策金融公庫なら、借入のハードルは低いです。もちろんしっかりと事業計画を作る必要はありますが、お金という「レバレッジ（テコ）」を得て、事業を軌道に乗せることで返済してゆきましょう。

「借金は悪」という考えを持っている人もいますが、事業にとってはガソリンであり、必ず必要なものですから、ない人は、ぜひ、調達しましょう。お金に色はついていないと思います。お金とは単なる「手段」であり「道具」です。使う人次第で、悪にも善にもなります。むしろ、使わないのは、経済にとって損失です。

補助金・助成金も検討できます。いずれも数千種類ありますから、きっとあなたにも使える制度があります。補助金は経産省ですから原資は税金ですし、助成金は厚労省ですから原資は雇用保険です。あなただって、いずれも払っているでしょうし、今後も払い続けるでしょうから、受け取るのは当然の権利。堂々と申請すればいいのです。返す必要もないお金ですから、使わない手はないですよね。

お客様にお金がない

あなたが何かを売ろうと思っても、相手から「ほしいのですが、お金がないんです」と言われることもあります。

どうしますか?

解釈として三つあります。

一つは「価値が伝わっていない」です。

本当にほしければ、その人は、何としてもお金を用意します。価値を伝えきれていないあなたに責任があるのです。あなたに自信があって、提供する商品やサービスが「本物」だと思うなら、その魅力を最大限伝えるのがあなたの役目です。価値とは「購入者が望んでいる未来」のことです。その未来が手に入るなら、お金は用意してくれるものなのです。選択権は相手にあります。あなたはがコントロールできるのは「自らの誠意と全力」です。

もう一つは「購入者ご自身のセルフイメージが低い」です。

その方は、自分は、その商品に、相応しくないと判断しているとき、お金がないことを理由に断ってくるケースがあります。この場合は、その方の人格や人生の成熟を待つようにしましょう。

あなたがするべきことは、自分から相手を切ることなく、長くつながりを保つための仕組（メルマガなど）でフォローし続けることです。それでもなお、あなたが、その方の人生にとって、今、あなたの商品が必要だと思うなら、分割払いなどの提案をするのも結構です。ある程度の「期間」に渡って関与できるなら、それもアリということです。

三つ目は「そもそもほしくない」です。

特に日本は優しい方が多いですから、あなたを傷つけないようにしながら、あなたに諦めてもらおうと考える人もいます。相手の真意を汲み取る意識と力を身に着けていきましょう。ゴリ押しのような印象を与えてしまう前に、そっと身を引くことです。

商売とは「説得」することではありません。相手に自ら「納得」していただくことが商売です。相手から「ほしい」と言ってもらえるよう努力すること。それがビジネスです。相手の人生に善い影響を与えられるようになれば、事業は発展してゆきます。

消費と投資の違い

僕も個人事業向けオンラインスクールを運営していますが、価格は3ヶ月で30万円です。

30万円という金額は、「消費」と見ると高額かもしれません。消費とは、金・物・労力などを使ってなくすことですから、残るものが少ない。もちろん好きなものを買うとか、所有するという「満足感」は得られるでしょう。でも、ある種「虚しさ」を伴うこともありそうです。

一方、30万円を「投資」と見なしたとき、様相は一変します。投資とは、利益を得る目的で事業などに資金を出すことであり、将来の利益のために金・物・労力などを投入することです。よって「できるだけ早期に回収し、可能な限り増やすこと」がテーマとなります。

オンラインスクールは、明らかに「投資」です。伊達や酔狂で「消費」するものではありませんよね。この感覚を持ち得ている人は、意外なほど少ないというのが、僕の実感です。30万円に尻込みしていてどうするのでしょうか。

僕がセミナーの冒頭でする、いくつかの質問があのですが、そのひとつに「あなたが、ひとりのお客様と出会えたなら、売上や利益はいくらになりますか?」というものがあります。こう問われると、ある人は1万円、ある人は10万円、ある人は50万円、ある人は300万円と答えてくれます。

一方、オンラインスクールの学費は30万円ですが、たったひとりの新規のお客様と出会えただけで、一瞬で回収できる人も多いわけです。要するに消費は絶対的なものですが、投資は相対的なもの。あとはスクールの「中身」に納得が行くなら、投資を選択する人も出てくるわけです。

でも、そこまで理解できても「投資」しない人がいます。これは「お金を失うのが怖い」という気持ちの表れであり、自分の「器」の大きさが足りないのです。ローリスク・ハイリターンは、サラリーマン思考です。

僕らは事業家であり、起業家であり、経営者なのですから、リスクテイクしましょう。

実践ヒント② 【知識がない問題】

上には上がいるという呪縛

ある女性起業家が「インスタグラムの先生」を目指して努力し、いよいよインスタグラムを軸にしたコンサル事業を始めようとしていました。彼女は、見目麗しく、セルフ・ブランディングもできていて、僕は大丈夫と見ていたのですが、ちょっとしたマインド・ブロックがあったのです。それは「私よりすごい人がたくさんいるのに、私がコンサルになっていいのかな」というものでした。

確かに、上には上がいるのですが、それを言っていては何も始まりません。自分がその分野を「極めてから」などと思っていては、トレンドを逃します。また、「突き詰めてから」などと思っていては、あっという間におばあちゃんになってしまいます。それに、商売とは「相思相愛を探し出逢う旅」です。その業界のトップランカーに師事したいと思う人がいれば、もっと身近で親身に教えてくれるのを求めている人だっているわけです。よって、あなたに合ったお客様と出会うようにするのが正解です。

何から始めたらいいか分からない

いくつかのパズルのピースを手に入れても、どこにはめたらいいのか、見当がつかないのは、完成図が分からないからです。同様に、ビジネスを進めるときも、完成図がないと、当てずっぽうになってしまいますよね。でも、完成図が見えているビジネスというのもないのだと思います。思い切って「仮説」を立てて行動するのみです。

もちろん完成図が見えるビジネスもありますが、そのビジネスは面白みに欠けるでしょうし、すでに他の人がやっています。ここは「自分の性質」によって決めるのがいいでしょう。


ビジネスを進める方法論には「目標設定型」と「行動展開型」があります。

目標設定型とは、仮に「完成図」を設定して、それを実現するための要件を定義し、タスクを洗い出して、逆算して今日の行動を決めるタイプです。行動展開型とは、いわゆる「走りながら考える」スタイルをよしとして、まずは目の前の扉を開けてみる、まずは、あの丘まで登ってみる、というタイプです。

前者は傾向として男性型であり、後者は女性型だと思います。女性は、自らの感性を信じて、楽しそうな扉を開きます。中に入ってみると、素敵な人と出会えた。その出会った人と、次に楽しそうな扉を開けてみると…という感じ。

何から始めたらいいか分からない人は、まずは、自分が「目標設定型」なのか、「行動展開型」なのかを判断し、それぞれの特性にあった動きを取ればよいです。

目標を設定することで燃える人なのか？

目の前のワクワクにまずは飛び込んでみる人なのか？

目標設定型のあなたには「来週の行動予定表」を作成することをお勧めしますし、行動展開型のあなたには「日記をつける」ことをお勧めします。

調べる、訊く、確かめる

何か分からないことがあったら、まずは「検索」です。現代では、検索して出てこない知識はないと言ってよいでしょう。テキストでも、図でも、動画でも、何でも。あなたの知りたい情報は、ネット上に転がっています。その上で、知識を智恵に変えるために、人に訊くのです。

質問者の望む答えは、質問者による適切な質問によって、回答者の口から語られます。質問の精度が悪いと、回答者の答えもぼやけてしまう。検索したことによる「あなた自身の見解」があって、それを引き合いに出しながら、相手に質問すれば、相手は、あなたが何を望んでいて、どこを知りたいのかを把握できます。だから、まずは先にネット検索してください。

「どう思いますか？」と聞く前に、
「自分はこう思うのですが」と前説を入れるのです。
そうすれば、アドバイスする方も、しっかり考えてくれます。

そして「行動」です。確かめることです。思いつき、検索し、自分なりの仮説をもって、人に訊いたあなたは、それを行動によって証明してゆく使命があります。行動から得たデータこそ、あなただけの英知です。そしてどんな結果が出たのかを、相談した相手にも報告しましょう。そうすればその相手は、次にあなたが訊いてきたときにも、また、懇切丁寧にアドバイスしてくれるでしょう。

僕はコンサルタントなので、日々、何人もの経営者や事業家から、幾多の質問を受けますが、質問レベルの低い方には、まずは「自分の頭で考えるクセ」を身に着けてもらうようにお願いしています。その上で、僕のアドバイスを縦横無尽に乗せてゆきながらキャッチボールします。結果、その方が、よいアイデアにつながりますし、当事者として行動してもらうことで、その人ご自身の受け取る価値が最大化するからです。

実践ヒント③【罪悪感の問題】

バタ貧は罪

「バタ貧」という言葉があり、僕も戒めています。

「バタ貧」とは、バタバタして、すごく動いてはいるものの、結局、儲かってない状態を言います。怖いですよね。そして、それではいけないのです。

バタ貧になる理由は複数あると思いますが、分かりやすいのは「単価が安い」ということです。1万円の商品で毎月100万円売ろうと思えば、月に100回の取引が必要になります。もちろん「通販による仕組化」ができているなら問題ないのですが、これを「労働」でやろうと思うと、1日あたり3件以上の仕事をこなさなければなりません。1件あたり、待ったなしの直接労働で2時間を要するなら、間接労働も含めると、もう寝る暇もないでしょう。健康も損ないます。さらに粗利が低いものなら、利益も出ません。「バタ貧」ですよね。

もっと言えば、あなたが忙しいと、迷惑をこうむるのはお客様です。

バタ貧だと、品質も精度も落ちていきますし、対応も雑になっていきます。既存のお客様は愛想が尽きるでしょうし、あなたがテンパっていては、新規のお客様だって寄り付きません。例えば、あなたが独立したエステティシャンだとして、1時間や2時間のお手入れを1日に3~5件こなすことを考えてみてください。それを何年も続けることは至難の業だと気がつきますよね。よって、スタッフを雇ったり、店舗を増やしてマネジメントにシフトしたりしながら、バタ貧の追跡を振り切っていただきたいと思います。

馬車馬のように働く時期があってもよいですが、バタ貧は罪なので、少しずつ工夫していきましょう。
キーワードは、「単価」「仕組」「チーム」「自動化」「多店舗」です。プレイヤーからマネジャーになっていきましょう。

市場荒らしじゃない

前項のエステの話に絡めて言うなら、同じように見える施術でも、店舗では18,000円、自宅サロンのサロネーゼさんだと6,000円、ということがあります。店舗経営者からは「彼女たちのせいで価格破壊が起きている。市場が荒れるから止めてほしい」と相談が来ますし、サロネーゼさんからは「これ以上高くするとお客様が来ない。主なお客様はママさんだから、あまりお金を使わせたくない」と相談が来ます。

店舗サロンは、家賃がかかっているし、複数のスタッフが働いていますから人件費も発生します。当然、18,000円でも客数によっては利益が出ないわけです。よって、単価を下げにくい。自宅サロンなら、自分一人だし家賃もかかりませんが、価格妥当性から言えば、店舗のような金額にするには負い目があります。

彼女たちの言い分の中には、金額が高いことにも、金額が安いことにも、妙な罪悪感が潜んでいるように感じます。そして、その反動で、相手を責めています。

どうしたらいいでしょうか？

僕は、いわゆる「神の見えざる手（市場経済の自動調節機構）」でよいと思っています。経済とは、当然、ひとつの法則によって説明できるものではなく、とても複雑な要素が絡み合っているわけですが、話を単純にするために、自由競争でいいじゃないかと主張します。僕のベースとなる考え方は「分母を広げること」です。つまり、競合とはライバルではなく、市場を広げ、深めるためのパートナーだと捉えてみるのです。

そうすると、6、000円〜18、000円の幅があるということは、利用者に「選択の余地」を与えることに繋がります。18、000円では手が出なかった人が、6、000円なら購入できるとしたら、エステのよさに気付く、よい機会ですよね。そうして、その方に、探求心や欲求が芽生えてきたら、高単価のエステも試してみていただけるでしょう。その人たちの中には、安くても高くても一緒だと感じる人もいれば、やはり高いエステはひと味違うと膝を打つ人もいるでしょう。それでいいのだと思います。

だから、自分ではコントロールできない、相手の商売を気にするより、自分の商売を、自分が納得ゆく形で、追求していってほしい。そう思います。

やらなかったことは誰のせい？

僕の人生に少なくない影響を与えてくれた本のひとつ。

『自分の小さな「箱」から脱出する方法』（アービンジャー・インスティチュート著・大和書房）

本書には、人生をおかしくしてしまうメカニズムと、その脱出方法が紹介されています。

これによると「人というものは、自分が他の人のためにすべきだと感じたことに背いたとき、周囲を、自分を正当化する視点で見るようになる」というのです。これをやっている限り、人間関係も、人生も、おかしくなっていくのですが、その状態を称して「箱の中にいる」と表現します。

「相手のために動けたのに、動かなかったという罪悪感」に耐え切れずに、自分を正当化する方向で思考を進めてしまうのですね。しかも、箱の中にいると、お互いに相手を手ひどく扱い、互いに自分を正当化します。ある意味相互に共謀して、お互いに箱の中にいる口実を与えあう関係になってしまうわけです。


例えば、赤ちゃんの夜泣きに旦那が気付いたとします。

最初はあやそうと思った旦那ですが、

「明日の朝早くから会議だし」

「本来は妻がやるべきことだし」

と考えて、あやさない自分の正当化を始めてしまいます。

例えば、勉強しない子供をがみがみと叱り、子供に対する接し方がひどい親の言いつけなど、子供が守るわけもありません。

互いに「箱」の中に入り、相手の扱いが手ひどくなっていくだけ。

互いに自分を正当化する理由を、互いに自分の中に確立していくことになります。

この解決策は「自分に正直になって、相手を人として扱うこと」だそうです。

自分が他の人のためにすべきだと感じたことに背き、周囲を、自分を正当化する視点で見るようになるのがダメなのですから、自分が感じた、相手のためになることに正直になり、相手を「人」として扱うことが解決策というわけ。

身近な例で言えば「フェイスブックのシェア依頼」。あなたも友人知人から依頼されたことがあると思います。やってあげたいと思えば、その通り行動しますよね。誰でもメッセージを見た瞬間は、シェアしてあげたいと思うことが多いでしょう。でも、数秒後か、数分後か、数時間後か、数日後に、「やらない理由を編み出して、それを正当化」するのが人というものです。相手のせいにして、自分がやらない事実を正当化します。「直前で頼まれても難しい」「あの人からのメッセージは、いつも頼み事だ」「私が風邪をひいたこと、FBで読んでないのかしら」等々。これが積み上がってゆくと、不仲の原因になったりもします。

なかなか難しいテーマですが、僕はこう考えています。

あなたが応援されるための準備とは、今、応援が必要な人の応援をすることです。

いつか、あなたも、誰かに応援してもらいたいと切実に願うときが来ます。

だから今、人を応援しましょう。人から応援される人って、人を応援する人ですよね。

人は、ひとりでは成功できません。誰かに引き上げてもらう、誰かに押し上げてもらう、誰かに盛り立ててもらう。そこに感謝が生まれる……。そういうことだと思います。

人が生まれてきた意味・目的は、誰かの役に立って感謝されることです。「ありがとうの花束」をもらうために、手段として仕事があり人生があります。

人生とは「何を？」ではなく「誰と？」です。仕事とは目的ではなく、感謝されるための手段です。

あなたに必要なすべてのことは、あなた以外の他人がもたらしてくれます。だから、応援上手になりましょう。

「おかげさま、おたがいさま」

今、応援を必要としている人がいたら、その人を応援してあげてください。
今回は、その人の番だということ。
次回は、あなたの番です。

もちろん、見返りを期待しての行動は、謹んでください。
与える喜びだけを感じて行きましょう。
そう、与えるだけで、あなたはすでに大きな喜びという報酬を得ています。

例えば誰かをお祝いするためのパーティー。
あなたには時間がないかもしれません。そのパーティーがちょっと高額で躊躇するかもしれません。そもそも、そこまでの関係性にないのかもしれません。でも、出席は、実は、いいことずくめです。

- 出席してもらった主催者は嬉しい。

- そのパーティーで生涯の友人と出会うかもしれません。
- そのパーティーで新しいビジネスが生まれるかもしれません。

そして、そのように振舞うことを自由に選択できるのは、あなた自身。あなたの行動を阻害する人は誰もいません。応援上手になりましょう。それが「幸運体質」を創ります。

人生を豊かにするってどういうこと？

豊かさとは「人とのつながりそのもの」だと思うのです。

自分も大変なときこそ、他人を応援しましょう。

実践ヒント④【テクニックの問題】

悪用しないと誓う

社会心理学者のロバート・B・チャルディーニが著した『影響力の武器』（誠信書房）と

いう本があります。

僕のようなマーケッターにとっては必読の書ですが、その起源は「承諾・勧誘のプロの世界」を徹底研究したものです。繰り返し証明された「人を動かすテクニック集」ですから、これを悪用したら大変。使いこなせば詐欺師になれるでしょう。テクニックとは諸刃の剣です。

ひとつ例を紹介しましょう。

アリゾナ州のケーブルテレビ会社が、大学生を使って、地元に手紙を配布しました。文面を変えて訪問配布した手紙の効果について考えてみてください。
A　ケーブルテレビは加入者に幅広いエンターテイメントと情報をサービスを提供します。ベビーシッターとガソリン代を使ってわざわざ外出しなくても、自宅で家族や友人と、あるいは一人で楽しむ時間を増やすことができます。
B　少しだけ想像してください。ケーブルテレビは加入者に幅広いエンターテイメントと情報をサービスを提供します。ベビーシッターとガソリン代を使ってわざわざ外出しなくても、自宅で家族や友人と、あるいは一人で楽しむ時間を増やすことができます。

さて、どちらの反応率がよかったでしょう？

答えは、Aが19・5％であり、Bが47・4％でした。圧倒的に「B」だったのですが、文章の違いは、冒頭の「少しだけ想像してください」だけですよね。つまり「読んだ人に当事者になってもらう一文」を加えただけ。すごくないですか？

テクニック、特にコピーライティングは、すこぶる研究の進んだ分野です。これを学ぶことで、人間の心理を突いた販売が可能になります。「何を勉強したらいいですか？」と聞かれたら、僕も迷わずコピーライティングをお勧めするでしょう。でも、本書の読者であるあなたには、誠実な使い方をしてほしいと願っています。

心温かきは万能なり

これは、伝説の雀士、桜井章一さんの言葉です。

誰かに依頼されて麻雀で勝負するプロを「代打ち」と言いますが、桜井さんは、20年間無敗の伝説を持っています。すごい人ですよね。僕は10年以上、メールマガジンを発行していますが、毎回の署名欄に、この言葉を添えています。心が温かいことは、テクニックを超えます。

本当に真摯に取り組んでいる人に、テクニックなどいるのでしょうか？　確かに、心を込めて素晴らしい商品を作っているだけでは、足りないのかもしれません。マーケティングのテクニックが必要なこともあるでしょう。例えばレストランなら、料理の腕だけがよくても「知らないものは買われない」のですから、告知する技を駆使することは大切だと思います。ただし、テクニックは必要条件ではありますが、絶対条件ではありません。

ソーシャルメディア全盛時代、見ている人は観てくれています。よいことも、悪いことも、誰かが見ています。だとしたら、自分は「心が温かいこと」にフォーカスしてもいいんじゃないでしょうか。お客様がＳＮＳでクチコミしてくださるのが最も効果的だとしたら、宣伝はお客様に任せていいんじゃないでしょうか。

いや、それは「理想論」だということは分かります。

いいものを提供していても、潰れる会社はたくさんあります。

でも、商売というものは、本質的には「目の前の人を喜ばせること」で継続・発展して行けるものだと信じます。マーケティングは「加速装置」と位置づけ、本筋は「社会にとって善いものを提供する」ことに集中する。

ソーシャルメディアがなかった時代は、メールでした。

メールがなかった時代は、FAXでした。

FAXがなかった時代は、電報でした。

モールス信号でした。

お手紙でした。

早馬でした。

口伝でした。

人間は、文明が進歩したことで、ものすごい拡張性を獲得し続けています。

でも、一個の生物としては退化しているような気もします。

「心温かきは万能なり」とは、もう一度、挑戦するに値するポリシーだと感じています。

実践ヒント⑤【コミュニティーの問題】

誰もやってくれない

オンサインサロンが時代のキーワードになっていますが、うまく運営できている人は少ないです。

なぜなら、サロンメンバーを「受益者」にすることが意外に難しいからです。よほど共感を呼ぶコンセプトを持っていない限り、サロンで発信してくれるメンバーを増やすことができません。そうすると発信するのは運営者だけとなり、「読むだけのメンバー」に対して、日々、投稿を繰り返すだけになってしまうわけで、そこからの展開が望めません。

また、「型」も大切です。オンラインサロンの運営者は「カリスマ型」「研究者型」「同志型」に分かれるのです。カリスマがあれば、その力で引っ張れるし、研究者であれば、メンバーが望んでいる情報を収集してシェアできます。そして同志型なら、共通の目的に沿ってメンバーを巻き込めるでしょう。コンセプトと型がしっかりしていれば有料化も視野に入ります。

人というものは、当事者にならないと動きませんよね。自分にメリットがないと動かないということです。いかに「当事者にできるか」が運営のポイントなのです。

共犯者を創る

組織を改革するには5％の人を動かせばスタートできると言われています。5％の人たちが「火の玉」となって発信し、行動すれば、組織の変革は成し得ます。

よって、コミュニティーにおいても「全員に影響を与える」ことは考えずに、まずは「数人のメンバーを直接口説く」ことを考えましょう。「直接口説く」ことが大切です。

「口説く」というより「相談を持ちかける」という方が分かりやすいでしょうか。

- みんなが盛り上がるオフ会を考えたいんだけど…。
- メンバーの誕生日サプライズ、どんなのがいいかな…。
- メンバーのクラウドファンディングを皆で盛り上げるアイデアないか……。

という具合に、何人かに直接打診して企画を練り、アクションプランまで決めて動きましょう。

ルールづくり

コミュニティーや、スクールを運営するとき、僕がやる「手」をお教えしましょう。

それは「プロミス＆ルール」です。

誰がエライのではなく、未来のため、明日のため、みんなで守っていこうというメッセージ。

以下は「戦略的メディア攻略のための広報を学ぶスクール」を講師2名で開校したときのプロミス&ルールです。

在学中の3ヶ月は、主宰である僕を含め、みんなが胸に掲げるのです。

☆主宰からあなたへの約束

1、期間中質問メール（同報）&FBグループ投稿質問無制限

2、講義とは別に月2回程度「質問会」

3、講義の夜7・8・9時「相談会」

4、その人が諦めない限り諦めない

5、卒業しても互いに生涯の友と呼べるよう努力します

☆あなたに守ってもらいたいこと

1、主宰によるFBグループ投稿は必ずチェックしてください

2、課題宿題の提出も基本はFBグループで共有しましょう

3、見落とし、見逃し、聴きそびれゼロへ

4、主体的・能動的な勉強と実践をお願いします
5、いい情報はみんなにシェアしよう♪

「プロミス&ルール」とは、みんなの力で、ひとりひとりが受け取る価値を最大化しようとするものです。

そして、僕からのメッセージは「インプットも大切だけど、それ以上にアウトプットしよう」ということです。

実践ヒント⑥【マーケティングファネルの問題】

誰一人として買わない商品

たくさんの人に買っていただくことも簡単ではありませんが、誰一人として買わない商品やサービスを作ることもまた、意外に難しいものです。

試しに、できるだけ売れないような商品構成を考えてみてください。でも、売れないようにすればするほど、特定の人に「刺さって」しまいます。分かりやすく言えば「マニア市場」というものになっていくわけです。

もっと分かりやすく具体的な話をしますね。

僕の次男は、幼少の時から昆虫マニアで、中学生になってからはサバイバルゲーム愛好家です。彼はカブトムシを育てるために「ブラッキー」さんというお店に行きますし、アーミーグッズを購入するために「のだや」さんという店に通っています。

ハッキリ言って「ブラッキー」さんというお店を知っている人は数万人にひとりだと思います。でも、必要な人には、ものすごく必要なのです。そういうお店は、宣伝すらしません。マニアが勝手に探して来店するからです。手厚い接遇も、キレイな陳列も、ほぼ、ありません。でも、価値はそこではないのです。ほしい商品やレアな商品があって、店主が、お客様以上に「博識」であればＯＫなんですよね。

商売の原理原則は「相手のほしいものを提供する」ことです。

でも人は、売り手になったとき、なぜか、買い手だったときの記憶をなくするようです。居酒屋に行ったとき、洋服を買うとき、旅館に泊まったとき、あなたは、お客様として感じていることがあるはずです。その気持ちを忘れないようにしてください。
もし、あなたに、何が熱中できるものがあって、買い手として、多くの時間と多くのお金を使ってきたのなら、お客様としての気持ちさえ忘れなければ、マニア市場でも、どこでも成功できると思います。自分が、何に興奮を覚え、どんなことに感動していたのか？　売り手になっても忘れないでいてください。

そして、誰か一人でも買っていただけたなら、その後ろには、１００人の潜在顧客が控えています。

要するにタイミングとステップ

マーケティングファネルとは「漏斗《ろうと》」のことです。

- 昨日まで知らなかった人とご縁を作る。
- その方に役立つ情報を届ける。

・さらに魅力的な商品を提案する。
・その人のタイミングがよければ購入してくださる。
・さらに関係を深めながら、次の商品、リピート購入を促していく。

マーケティング用語で言えば、「見込み客、そのうち客、今すぐ客」などと言いますが、購入は、その人の「タイミング」にかかっています。でも、いつが、その人のタイミングか分からないので、こちらは、真摯に、役立つ情報を送り続けるだけです。その「スパイラルの全体像が」まるで、漏斗のようになるので「ファネル」と言うわけです。

もう少し具体的に書きましょう。

あなたが、30万円の講座を売りたいとしたら、まずはユーチューブなどで情報発信をするでしょう。そこから、公式LINEに登録を促したり、あなたが提案するサイトに誘導したりします。

そのサイトには、あなたがお付き合いしたい人＝お客様＝が抱いているであろう「ペインとゲイン」が表現されています。ペインとは痛みです。ゲインとは快楽です。つまり、その人が抱えている悩みや希望について、そのサイトには書かれているのです。

そのサイトであなたは、無料説明会の案内をします。サイトに訪れてくれた方のうち、何人かは、その提案に乗って来るでしょう。そして、無料説明会で、あなたと直接会います。無料説明会はＺｏｏｍでも構いません。提案内容がドンピシャで、あなたと相性がよければ、30万円の講座受講を決めてくださるでしょう。

では、ここまでの文章を数字にしてみます。

- ユーチューブ視聴者数千人
- ＬＩＮＥ登録者４００人
- サイト閲覧者80人
- 無料説明会参加12人
- 成約者４人

単価30万円×４名様にて売上１２０万円。

ということで逆ピラミット型＝漏斗のカタチになりました。それぞれのフェーズで、お客様のタイミングに応じて、数字は小さくなっていきますが、その分「濃い」人たちになる。そういう「ステップ」を設計することをマーケティングというのです。

現代はコモディティー社会です。生活に必要なものは、みんな大概、持っています。いきなり購入してくれる方は少ないのです。よって、ステップを設けて、しっかりと「寄り添った商売」をするようにしましょう。できれば、そのお客様と、一生お付き合いする覚悟で臨んで参りましょう。

大前提は圧倒的商品力

同じような人や会社が、同じような商品を、同じような価格、同じような売り方で販売しています。

エンドユーザーは、同じような情報ばかりで、見分けがつきません。

誰もが自由に無料で使えるソーシャルメディアで、見つけてもらう、盛り上げていくのは、今後、益々高いハードルを超えてゆかなければならなくなるしょう。

よって、最後は「ネタ勝負」です。それは、上質で、社会から求められている商品であり、あなたがアプローチしたい客層にドンピシャかつ魅力的な商品です。

確かに売り方も大切ですが、その先には、あなたの覚悟がほしい。つまり、コンテンツホルダーになるか、有能なジャーナリストになるか、カリスマになるか、人気者になることです。

大前提としての「圧倒的商品力」と「誰が売っているのか」に応えるキャラクターと、充分なコンテンツ量を確保してください。

人間、誰でも、最初は素人です。

だから、今日から始めても遅くないのです。

あなたが今すぐに人気者になれないとしても、価値ある人やコトを、コーディネートすることならできるはずです。そこから始めてもいい。今すぐに圧倒的商品を作れなくても、あなたの「目利き」で紹介することはできます。

誰もが気軽にネットショップを運営できる時代です。あなたのお客様は「まだ、あなたを見つけること」が難しいのです。「見つけることがたやすい人物や商品」をマッチングしましょう。

実店舗を持つにしても、独自化・差別化は必須です。同じような人や会社が、同じような商品を、同じような価格、同じような売り方で販売しているのですから、こだわりたいのは「商品力」です。

- その商品を切実にほしがる人はいるか?
- 背中を押すための特典は用意できているか?
- 買っていただいた後のフォロー体制はあるか?
- 買ってもらえたら必ず喜んでいただく覚悟はあるか?
- 買わなきゃ損だと、自信を持って言えるか?
- 自分から買うのがその方にとっての幸せだと言い切れるか?
- 支払い方法を複数用意しているか?

トコトン考えて、形にしてください。

没頭するあなたには、「ドーナツ」など、目に入りません。

実践ヒント⑦【集客の問題】

呼吸をするようなもの

創業間もない人は、まだ習慣化できていないので難しいかもしれませんが、「日々、集客するのが当たり前」という習慣と常識を身に着けましょう。

習慣化は「21日間継続」することが大切だと言われています。だとすれば21日間継続すればいいだけです。

例えば僕は、メールマガジンを創業以来10年以上続けていますが、発行することが当然なので、呼吸をするのと同じレベルで継続できています。メルマガで書いたネタは、時間差でブログにも活用できますし、文章を短くすれば公式LINEにも転用できます。汎用性のある内容を書けた時は、フェイスブックの投稿にも使います。日々の情報発信のネタ作りだと思って、メルマガを執筆しているのです。

そして、対象別に複数のメルマガを走らせています。ひとつはビジネス会員様向けの有料メルマガ、他は無料のメルマガで「個人事業主向け」と「法人経営者向け」です。同じことを書くにしても、読者対象が変われば、書き方も、紹介するエピソードも、自然に変化します。

とにかく、アウトプットのクセをつけることです。よく、書くネタが尽きることを心配される方がいますが、事実は逆です。書けば書くほど、書き切れないほどのネタに遭遇するし、書き切れないほどのネタが連想されるものなのです。「ネタが尽きる」とは、書きたくない人の「言い訳」です。

もうひとつヒントがあるとしたら、僕の有料メルマガには「複数の共同執筆者」がいるのです。毎週、違う執筆者が、それぞれの専門分野について執筆してくれていますので、僕の番が回ってくるのは月に一度です。彼らの原稿を、僕自身が楽しみにして読んでいるので飽きませんし、複数の専門家が執筆しているので、読者が受け取る価値も増やせますよね。

集客とは「呼吸をするようなもの」だと思って習慣化してください。

集客したい時だけ力を入れるのではなく、日々、集客につながる情報のシェアをすることが、いざキャンペーンを実施したときに成果に繋がるんです。あなたが集客したい時にだけ情報発信しても、それは単なる売り込みです。日頃の「お役立ちシェア」があるから、キャンペーンの効果を期待できます。

ラブレタースピリッツ

最も効果のある販促手法は何かと聞かれたら「それは私信だよね」と答えます。
お客様との出会いに困っていない人は、次のことをしています。

- フェイスブックでもインスタグラムでも、メッセンジャーやDMを活用しています。
- 必要な人数の10倍に、私信を送っています。
- 日頃からお礼状を書いています。
- 相手に対して、気遣うこと、感謝すべきことを、常に探しています。
- その人が喜ぶことはないか、その人に紹介できる人はいないかと考えています。

- 何か「お願い」されたら、優先順位を上げて取り組んでいます。
- 昨日知り合ったばかりの人の仕事や活動に関心を寄せます。

そして、もちろんリスト化を心がけています。
リストがあれば「いつでも連絡」ができます。
いつでも、ラブレターを届けられます。

これらに必要なスキルは、コピーライティングだけです。
あとは「真心」があればいい。
ビジネスの本質は「関係づくり」です。

「みなさーん」という呼びかけでは、誰も振り向いてくれません。
「あなたへ」という書き出しこそが、情報を届ける最良の手段です。

手間暇とお金の関係

お金がないなら、手間暇をかけるしかありません。

多くの人が、効率のよい方法を探して、行動しません。集客の基本は「大量行動」です。

そうして作ったお金は、何に使うのが一番いいのか？

それは「広告」です。

広告とは「レバレッジ（てこの原理）」そのものです。集客を広告に任せて、自分は別の事に集中する。別の事とは「商品のクオリティーを上げる」ことに時間を使ってほしいのです。そのようなステップを踏んで初めて、効率が上がります。タネ銭のある人は、はじめから「広告」を学んで実践してください。いや、タネ銭がないなら、借金をしてでも、広告を投下することをお勧めします。

とは言え、回収できるかも知れないものに、お金を投下するのは、経済的負担は元より、心理的ダメージも大きいでしょう。よって、話を戻します。お金がないなら、手間暇をかけるしかありません。

あなたは、セミナーに50名、集まってもらいたいと考えました。

そしてソーシャルメディアを使って告知・集客に取り組むとします。だとしたらまずは次のアクションです。

◆以下、10のアクション1つについて、2名の獲得を狙うことで、まずは20名様の参加を確定させます。

①ブログ（セミナーPR告知）
②フェイスブック（イベントページ）
③ツイッター（フォロワーを数千人規模にします）
④メルマガ（分母があれば最も効果が期待できます）
⑤DM（年賀状を出すくらいの勢いで知り合いに出します）
⑥電話（リストを作って毎日10本×1ヶ月）
⑦直メッセージ（リストを作って毎日10本×1ヶ月）

⑧直接面会時ＰＲ（もちろんこれが最も有効です）
⑨ホームページ掲載（新着情報に掲載します）
⑩チラシ配布（直接手渡し×ポスティング）

◆20名様の参加を視野に入れながら、同時に以下のような工夫を凝らすことで、倍の40名様の参加を促します。

①早割カウントダウン（当日料金より安い）
②主催者枠・講師枠（はじめから優待して差し上げる人たちへの告知）
③動画によるお試し映像（サンプル動画があるといいですね）
④動画によるＰＲ（推薦動画や講師の方からのＰＲ動画）
⑤連載タイプのメルマガ（カウントダウンします）
⑥学生割引や以前参加した方への優待オファー（特別割引客層を設定）
⑦経営者と幹部社員など「同伴」参加への割引オファー（売りやすくなる）

これで、少なくとも、倍の来場40人になります。

さぁ、あと10名様ですね！

◆行列効果　このくらいの人数になると「行列効果」が出てきます。なんか「行かなきゃ損」みたいな感覚。そうなると、残り10名は余裕で達成します。

お金がないなら「手数で勝負」です。ちょっとやったくらいでは重いドアは開きません。よく言われるように「やろうと思えば誰でもやれるシンプルなことを、誰もできないレベルの行動量で実行」するのです。大量行動の習慣を身につけてください。

実践ヒント⑧【自尊心の問題】

知り合いに知られる恥ずかしさ

「ドーナツ」の怖さを知ってしまった人は、さらに、知り合いに知られることを嫌がります。

なぜなら、批判者が増えることになるからです。個人情報保護の観点からも「自己防衛」に走るでしょう。でも、自分は極力目立たないようにしながら、お客様からは見つけてもらいたいというのは、大いなる矛盾ですよね。まずはこの点を理解し、覚悟を決めてください。確かに、批判者は出てくると思いますが、その分、賛同者も増えていきます。

それに「皮肉な朗報」もあります。少しくらい露出が増えても、街を歩いていて、知らない人から声をかけられることなどありません。例えば地元ローカルテレビに1～2回出たくらいでは、有名になどなれないのです。あなたが訪れるお店で、都度にファンが何人も駆け寄ってくるような事態に陥ることはありません。だから、安心してください。


失敗すれば「やっぱりね」って言われる。

成功しても「やっぱりね」って言われる。


世間とはその程度のものだと割り切ってみるのも手です。

自分がコントロールできない「世間の反応」はいったん無視して、自分がコントロールできることに集中していきましょう。「今までのあなた」では、「今までと同じ成果」しか出ないことは、繰り返し証明されてきたと思います。

だとしたら、友人知人が「総入れ替え」になってもいいと覚悟して行動したっていいじゃないですか。あなたのお客様には生涯ならないであろう人たちの動向を気にせずに、積極的に情報発信してゆきましょう。

お客様に聞く

かのアインシュタインの名言に「いかなる問題も、それをつくりだした同じ意識によって解決することはできない」というのがあります。同じ頭で考えていては、違う成果にはつながらないのです。

これを解決するには、違う頭を持ってくるしかありませんが、もっとも有効なのが「お客様の声」です。お客様って、こちらが想定していた理由ではない理由で、お買い物をすることがあります。オンラインフィットネスのニーズに「自宅でペットと一緒にエクササイズしたい」などとは、提供者は、なかなか思いつかないでしょう。また、新規事業を進めるにあたり、まだ、お客様の声がないということも想定できます。しかし、この場合でも、今は便利なツールがありますよね。そう、ソーシャルメディアです。

僕のビジネス大学の生徒である女性に「もっと対象となるお客様を絞れないかな」と提案したところ、「どうやって絞ったらいいか分からない」と言われたので、「フェイスブックでアンケートを取ってみたら？」と答えました。素直な彼女は早速実行。ファッションアドバイザーである彼女にとって、どんな人たちが「代表的なお客様」と言えるのか？フェイスブックでいくつかの選択肢を提示したら、たくさんの回答コメントをいただくことができました。対象を絞るとは、何も、年齢や性別などに限りません。このケースで言えば、「自分に自信がない方」「変わりたい願望がある方」「自分に似合う服を知りたい方」などのように定性的な区分でもいいわけです。

彼女は、人柄もよいので、たった1回の投稿で30人以上の方から、ありがたいコメントを添えた回答をいただくことができました。これを、自力で考えていたら、かなりの時間がかかったでしょうし、思いついたとしても、それは「仮説」の域を出ない。

迷ったら、お客様に訊くこと。これはマーケティングの基本であるとも言えます。しかも、そこで得られた「言葉たち」は、そのまま、チラシやウェブサイトのタイトルや見出しとして使えるかもしれませんよね。

正直が一番

儲かっているフリをしていてもしょうがないと思います。

自分も悩める子羊なのに、キラキラを装っても仕方ないでしょう。

実績がないのに実績がある風に見せるとか、聞いた話を自分の経験のように語ってしまうとか、そういうのは止めましょう。あなたが、今、儲かっていなくとも、悩みがあっても、実績や経験が伴ってなくとも、心意気を感じてくださる人はたくさんいます。むしろ、正直なところに共感して、応援隊長になってくれる人も多いです。

仮に実績がないなら、未来を語ればいいのです。「こんな人を増やしたい。こんな人を減らしたい。今、実現できていないけど、こんな地域になるような貢献がしたい」というビジョンを語る。それこそが、正直な気持ちではないでしょうか？

僕のビジネス大学に「ＢＬ」、つまりボーイズラブ大好きな「腐女子」の方が入学してきました。

趣味がＢＬであることを、家族や周囲にバレないようにしてきたそうですが、そんな彼女が「ＢＬ専門のカフェ」を開業したいというのです。

事業計画立案をサポートする中で、カミングアウトすることをお勧めしたところ、すごく素直で正直な方で、その方向ですべてを組み立ててくださいました。そしてめでたくオープン。

もちろん事業を軌道に乗せるまで、時間はかかると思いますが、穏やかで優しい性格でもあるので、きっと全国にファンができるでしょう。ドーナツの攻勢をかわしながら、このまま上手くいくと思います。

それを証明するかのように、早速彼女のお店は、オープン早々に２つのメディアで取り上げられました。

田舎町のさらに外れに隠れるようにオープンしたにも関わらず、そのユニークさと志が取材対象となったのです。

ＢＬを趣味とする多くの女性たちの中には、まだカミングアウトできない人もいます。その市民権を拡大すべく、東北の田舎町で、ひとりの女性が立ち上がったというストーリーが、メディアの取材を呼び込んだわけです。彼女のツイッターやティックトックも、すでに大きな盛り上がりを見せており、腐女子さん・腐男子さん・男装・コスプレ・絵かきさんなどが、どんどん集いはじめています。

実践ヒント⑨【サイコパスの問題】

虎穴に入らずんば虎子を得ず

あなたが、存在感を増せば増すほど一定数の「招かれざる客」も現れてきます。

ダントツの結果を出している人たちがよく言うのは「エゴサーチに出てきたら一人前」です。

その真意はさておき、僕たちはアドラー心理学にならって「嫌われる勇気」を持った方がよさそうです。また、そうした嫉妬を苗床にした動きの他に、世の中には、かなりの割合で、心の病を抱えている人もいる。

僕の経験でも、年に1~2人ほど、困った人に出くわすことがあります。「商売とは相思相愛を探し出逢う旅」を標榜していますが、イレギュラーとして、出くわすことがあります。あなたの行動半径が広がり、影響力が高まってくると、サイコパス的な人たちとの遭遇は、ある意味、仕方ないと割り切ってください。

ある人は、いわれなき言いがかりを書き綴った誹謗中傷のメールを送り付けてきたかと思うと、突然、お酒などのプレゼントを送ってきたりなど、無軌道な動きで翻弄してきました。

ある人は、僕の友人知人複数に詐欺まがいのことを続けて、僕が何度も仲裁に入ったというケースもありました。

ある人は、勝手な横恋慕から、フェイスブック上で嫌がらせを繰り広げ、直接メッセージでも、何度も酷い言葉を綴ってきました。

ある人は、自分が受け取っている価値に気付かず、他罰的に人の揚げ足取りをして、支払いを拒否してきました。

みんな、心が病んでいる人たちだろうと思います。

彼らに共通しているのは、言えば口が腐り、文字で打てば指が爛れて、読んでしまうと目が潰れるほどの「言葉遣い」です。でも、僕には何の負い目もないので「余計な議論を避ける」だけで、沈静化してゆきます。

あなたの大切な時間を、彼らに差し出してはいけません。

あなたも、活躍すればするほど「有名税」を支払うことになると思います。特にお店をやっていると怖いですよね。我が子のように感じているお店と、大切なお客様を彼らから守るのは、少々骨の折れる仕事です。

僕も仙台駅前で「自習室」を経営しているのですが、稀に、他の利用者の皆様に迷惑をかける人が現れます。スタッフはたまったものではありませんが、幸いにして自習室は、もともと「勉強や仕事をする場所」なので、本当に常軌を逸した人は来ません。でも、例えば居酒屋など飲食店では、お酒も入りますので、困ったお客様をゼロにすることはできない。

高度経済成長期にいたような「暴れる人」や「酔いつぶれる人」は少なくなったとはいえ、逆に、執拗なサイコパスの標的にされることもあるでしょう。日頃から警察と連絡を密にしておくのはもちろん、トラブルがあった時の対処マニュアルの整備は必須ですよね。

ドアが開かれているからこそ、お客様をお招きできます。

でも、そのドアから、たまに「陰湿な虎」が入ってくることがあるので注意しましょう。

おわりに　「神様のキャスティング」

「小さなビッグゲームと釣り人短気論」という言葉をご存じですか。

それは、僕と同郷秋田出身の漫画家、矢口高雄さんの『釣りキチ三平』という大ヒット作にあるエピソードです。

以下、三平君の台詞を引用しましょう。

「でっけい魚をごっついしかけで釣って
そのスリルを味わうのがビッグゲームならば、
ちっこい魚をほそいしかけで釣るってのも、

ビッグゲームに勝るとも劣らないビッグゲームといえるべ」

お分かりですよね。

三平君の主張は、クルーザーを使ってトローリングしながら、重装備でカジキを狙う醍醐味と、小さな竿と弱々しい糸で、繊細に小さな魚（マンガではタナゴ）を釣る醍醐味は、実はまったく同じダイナミズムがあるのだということです。

もちろん、職位にも、就職先にも貴賤はありません。僕が三平君の口を借りて言いたかったのは、ステージの大きさの違いは、提供できる価値の違いには結びつかないということです。

個人事業主や中小企業は、その規模は小さくとも、日々、ビッグゲームをやっているのだと思います。

だから、あなたも、堂々とビジネスをしてほしい。

同書では「釣り人短気論」というエピソードも登場します。

釣り人は「短気な方が釣果が上がる」という意味ですね。

釣れない時は、

- 場所を変え、
- エサを変え、
- 針を変え、
- 棚（魚がいる層）を変えと、

いろいろと試行錯誤するから、成果につながるということです。

ビジネスも、いえ、人生も同じではないでしょうか？

「打ち手は無限」

だということです。

だから、あなたも僕も、「ドーナツ」に手こずっている場合ではありませんよね。

何かを始めようとしている人のフライトを邪魔する他者と、自分自身の深層心理に巣食う「迷い」こそ、ドーナツの正体でした。それは、愛とジェラシーが引き金になって発動します。僕は本書を通じて、その迷いを断ち切り、あなたらしく、そして楽しくビジネスをしてもらうために「愛情という名のペン」をとりました。

それが効果を発揮したかどうかは、読者であるあなたにお任せするしかありません。

「遠い人ほど松尾先生、近い人ほどハゲチャビン」

(僕は少々、頭の毛が寂しいのです)

これは、「ドーナツ理論」の講義をする時、最後に笑いを入れるために作った標語ですが、僕に限らず、あなたにとって心理的に近い人ほど、あなたの「真価」を見誤る傾向があることは、覚えておいてください。そして、どんなことが起きても、あなたにとって必要なことだと信じてください。

それは「神様のキャスティング」なのですから。

あなたの仕事がうまくいって、
売上が上がり輝くようになれば、
あなたのお客様やご家族も幸せになります。

お客様や関わりのある人たちが、
その幸せを周囲にも分かちあえば、
愛に満ちた地域社会が作られていきます。

その住みやすい社会は、
僕らの次世代の子供たちのためになります。

本書を、２人の息子に捧げます。

そして、僕を、コンサルタントとして、また生涯の友人として接してくださっている「企業経営者各位様とそれぞれのスタッフの皆様」、さらには、僕が学長を務める「パワービジネス・リセット大学」と「ＰＲマイスター養成スクール」のみんなに深く感謝します。

ありがとうございます。

コロナ禍のみちのくより

松尾 公輝（まつお・こうき）
ビジョナリーコンサルタント／宮城県仙台市在住
マーケティング心理学をベースに10年で8000人の事業家・起業家・経営者に「良き影響」を与えてきたミッション経営の専門家。特に法人向けには「マネジャー育成と業績向上を同時に実現する仕組」を提供し成果を挙げている。「掲げた理念を現実的な業績につなげるプロ」として、現場の閉塞感や事業のマンネリを打ち破り、宿泊、物販、飲食、自動車、サロン、金融、メーカーなど顧問先多数。得意の温泉旅館には、この30年で800泊1600日。山海の幸グルメとしても知られる。
・株式会社 乾杯・KANPAI 代表取締役
・パワービジネス・リセット大学学長
・PR マイスター養成スクール学長
・仙台駅前自習室 WEST オーナー
著書『女将力〜管理職の切ない悩み解決します』（商業界）
ホームページ　https://www.kanpai-kanpai.com/

起業するならドーナツを食べろ！
——大好きな人から喜ばれる起業の心得＆実践集

2020年11月30日　初版第1刷発行

著　者　松尾公輝（まつお こうき）

企画協力　合同会社 Dream Maker

発行者　高橋秀和
発行所　今日《こんにち》の話題社《わだいしゃ》
東京都品川区平塚 2-1-16 KK ビル 5F
TEL 03-3782-5231　FAX 03-3785-0882

印　刷　平文社
製　本　難波製本

ISBN978-4-87565-656-2　C0034